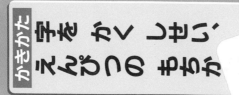

名まえ

月　日

100点

● 上の えのように、よい しせいで かきましょう。 (50点)

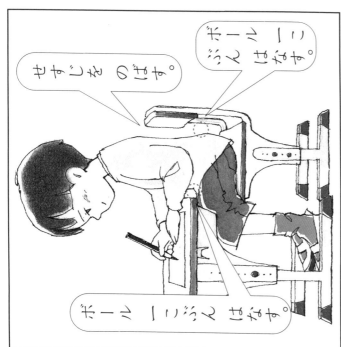

せすじを のばす。

ボール 一こ ぶん は なす。

ボール 一こぶん は なす。

ひじは つくえに のせない。

足は ボール 一こぶん ひらく。

1 川(かわ)を かきましょう。

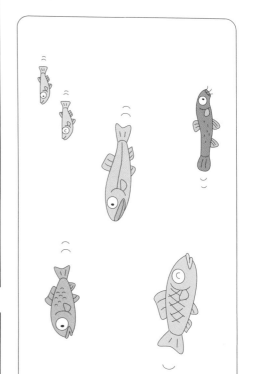

れい

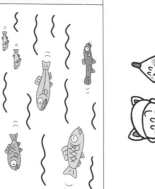

— 1 —

● 上の えのように、よい えんぴつの もちかたで かきましょう。

（50点）

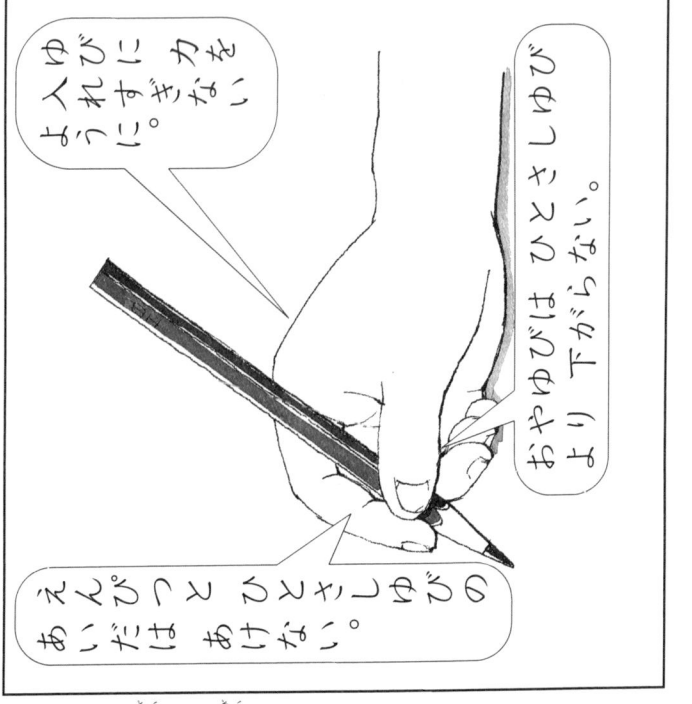

② かみなり（⌇）を かきましょう。

― ―

えんぴつは Bか 2Bを つかいましょう。

えんぴつを 正しく もって せなが まがらずに かけるよ。

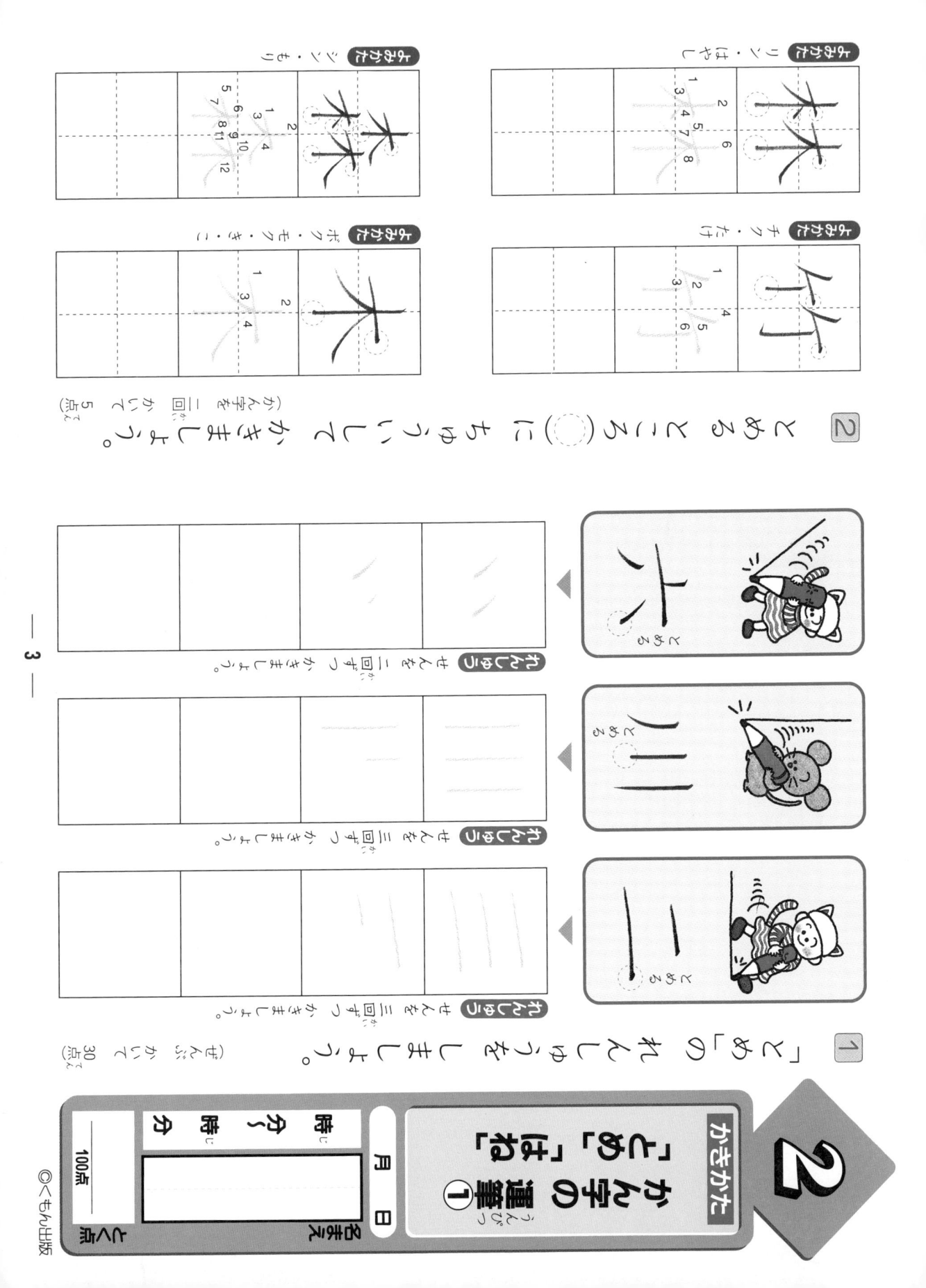

③ 「はね」の れんしゅうを しましょう。 （ぜんぶ かいて 30点）

れんしゅう せんを 一回ずつ かきましょう。

れんしゅう せんを 一回ずつ かきましょう。

れんしゅう せんを 一回ずつ かきましょう。

④ はねる ところに ちゅういして かきましょう。 （かん字を 一回 かいて 5点）

世　よみかた　セ・ヨ・た

雨　よみかた　ウ・あめ・あま

月　よみかた　ゲツ・ガツ・つき

川　よみかた　セン・かわ

「はね」が、しっかり できているか かくにん。世界の 右下に かいて れんしゅうして みよう。

©くもん出版

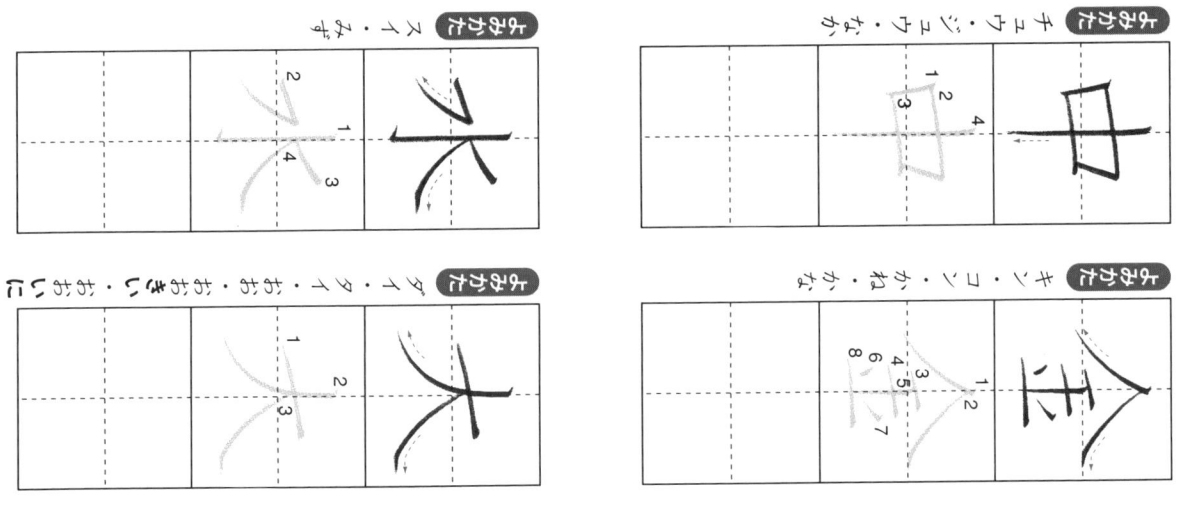

3

© くもん出版

かきかた **3**

かん字の「はらい」「おれ」の運筆 ②

月　日　名まえ

時　分　〜　時　分

100点　得点　点

① 「はらい」の れんしゅうを しましょう。（30点）
せんを なぞって かきましょう。

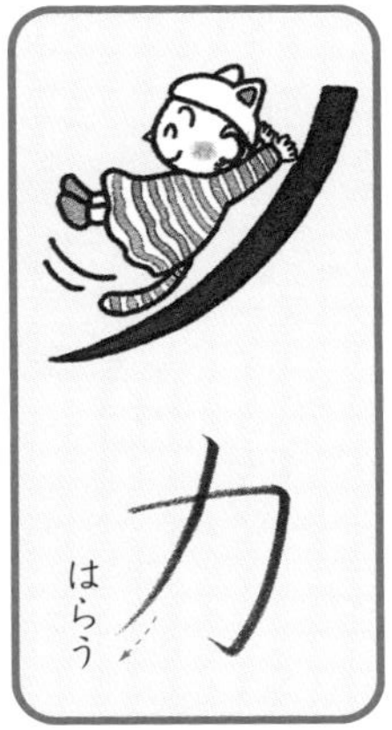

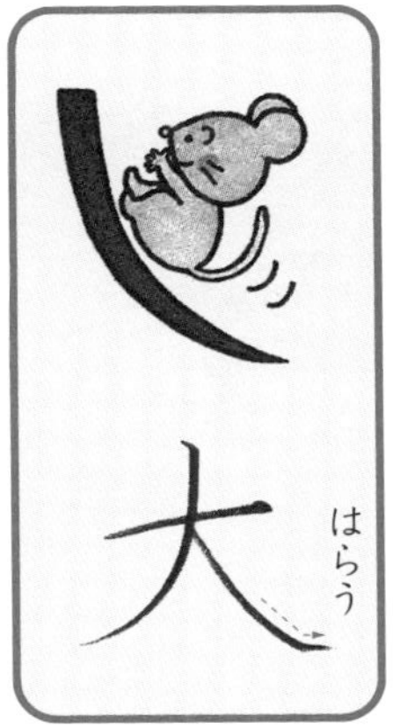

れんしゅう　てんせんを なぞって、かん字を 一回ずつ かきましょう。

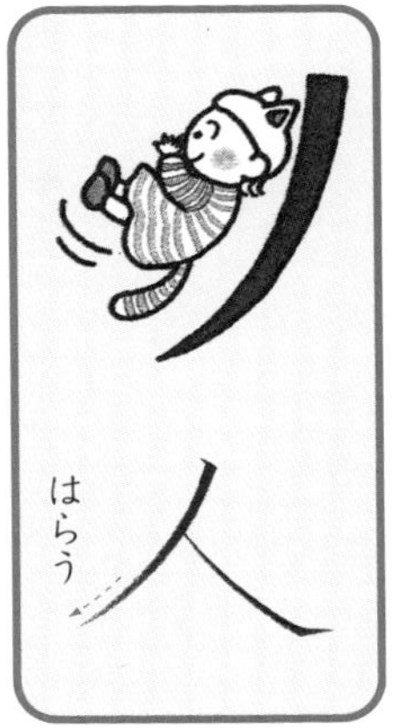

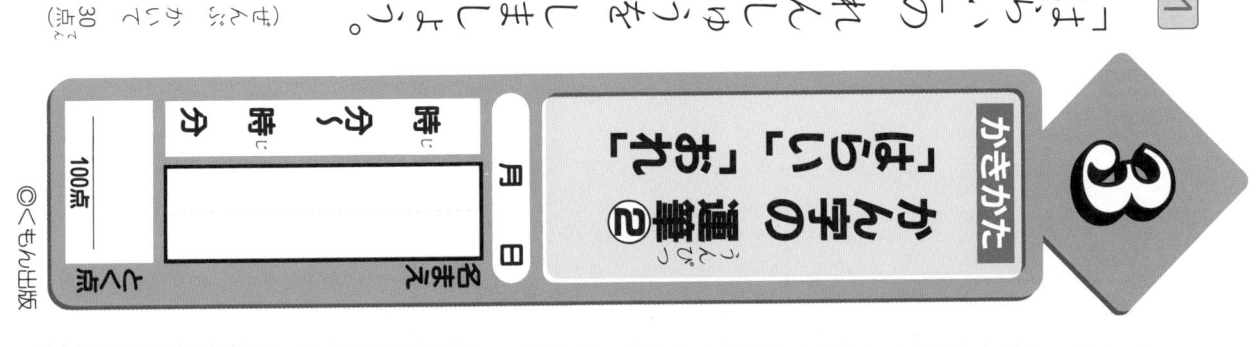

② はらいに ちゅういして かん字を 一回ずつ かきましょう。（5点）

みかた　キ・ね・か・ン・コ・な・か

みかた　タ・イ・な・お・おさ・おさ・つ

みかた　チ・ウ・ジ・ウ・ユ・な・か

みかた　ス・イ・み・す

— 5 —

③ 「おれ」を れんしゅうして から かん字を かきましょう。
（なぞりの ない ところも かきましょう。）（ぜんぶ かいて 25点）

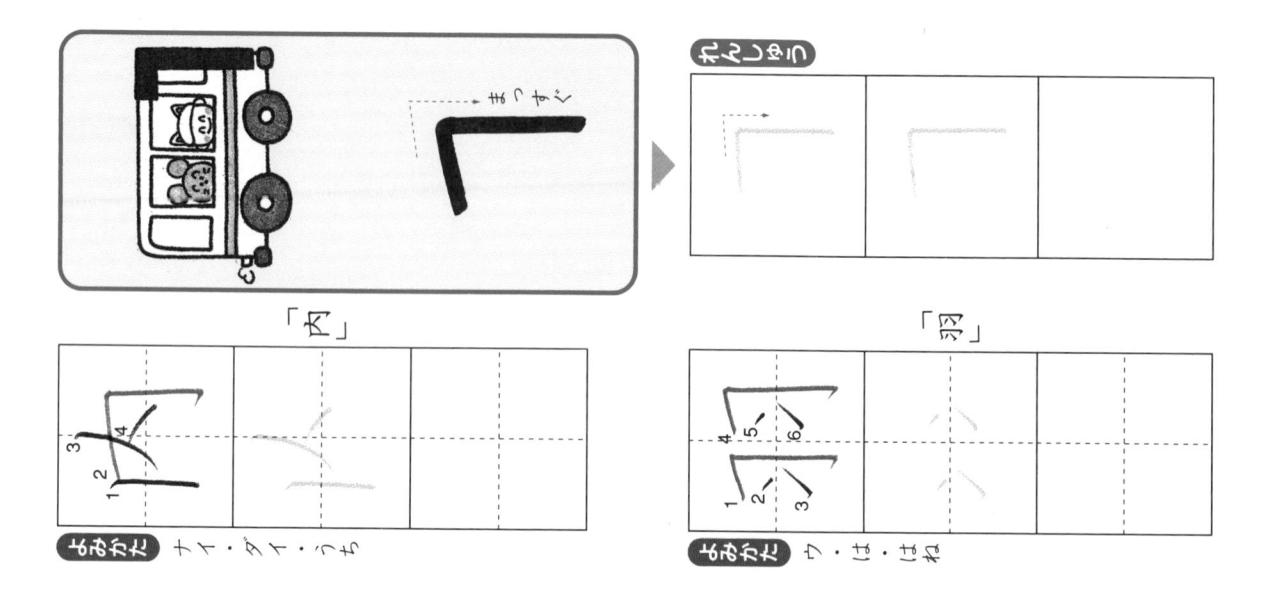

れんしゅう

「内」
おてほん　ナイ・ダイ・うち

「羽」
おてほん　ウ・は・はね

④ 「おれ」を れんしゅうして から かん字を かきましょう。
（なぞりの ない ところも かきましょう。）（ぜんぶ かいて 25点）

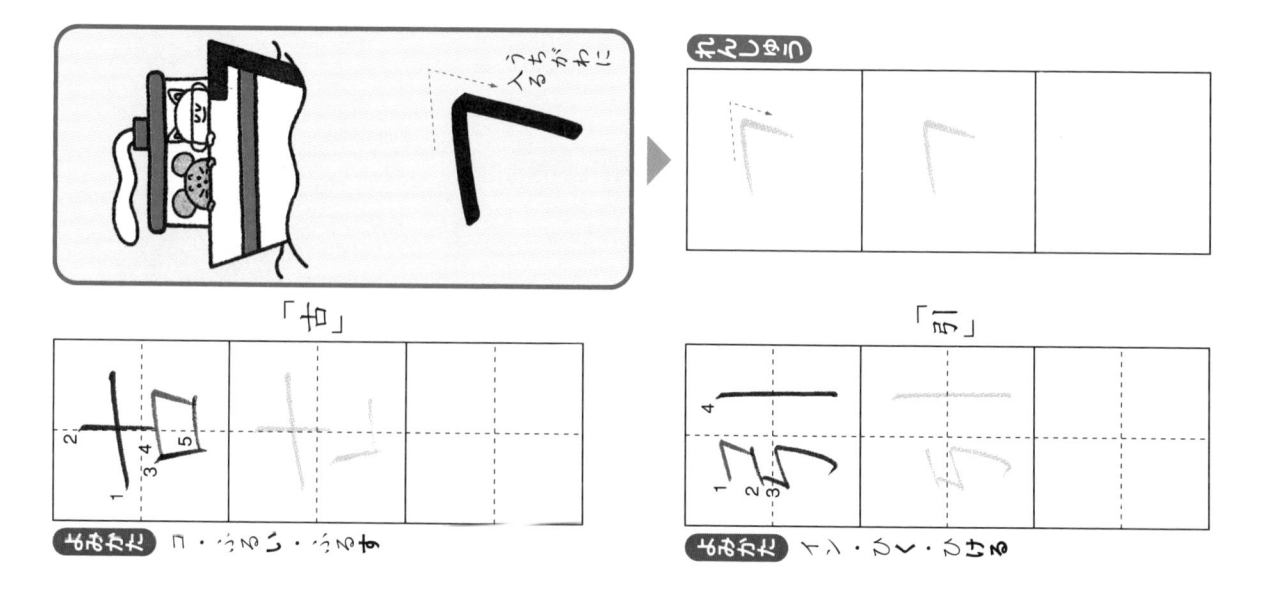

れんしゅう

「母」
おてほん　ロ・ははうえ・はは

「引」
おてほん　イン・ひく・ひける

正しい むきに 「おれ」が かけたかな。じぶんの かいた字を よく 見なおして みよう。

©くもん出版

4 かきかた

かん字の 運筆③
「おれ」

名まえ

月　日

時　分〜時　分

とく点

／100点

©くもん出版

1 「おれ」を れんしゅうしてから かん字を かきましょう。
（なぞりの ない といころも かきましょう。） （ぜんぶ かいて 25点）

れんしゅう

おかた　ショウ・スイ・で る・だ す

おかた　キュウ・ゆ み

2 「おれ」を れんしゅうしてから かん字を かきましょう。
（なぞりの ない といころも かきましょう。） （ぜんぶ かいて 25点）

れんしゅう

おかた　タ・ユウ・ゆ う・また

おかた　ホ・は は

③ 「おれ」を れんしゅうして から、かん字を かきましょう。
（なぞりも ていねいに かきましょう。） （ぜんぶ かいて 25点）

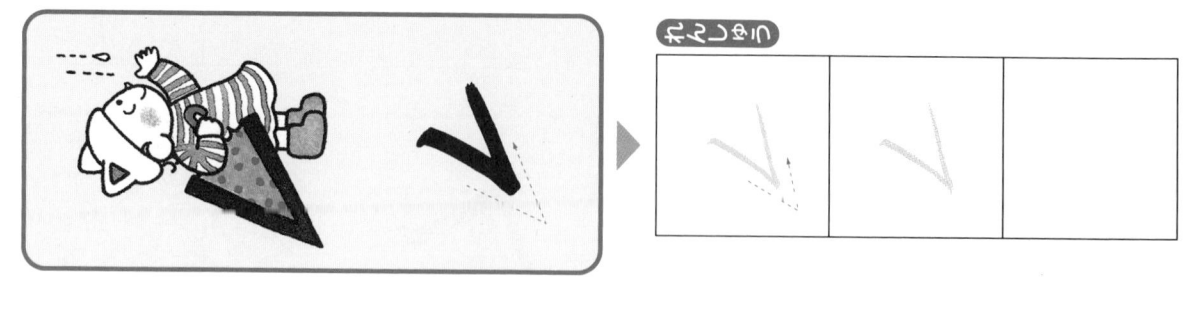

よみかた コウ・おおやけ

よみかた カイ・エ・あう

④ 「おれ」に ちゅういして、つぎの かん字を かきましょう。

（ぜんぶ かいて 25点）

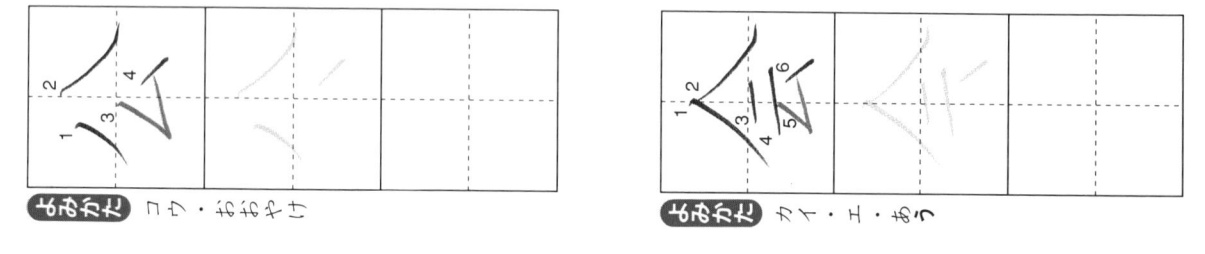

よみかた エ・その

よみかた カ・なに・なん

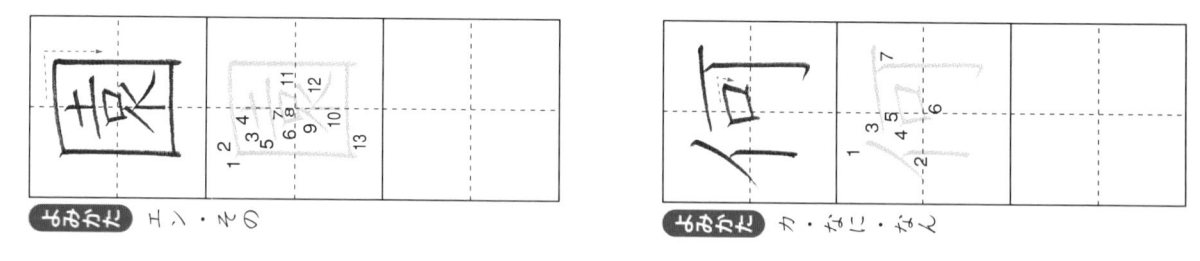

よみかた カ・カク

よみかた マイ

— 8 —

「おれ」を かく ときは、おれる ところに きたら いったん えんぴつを とめて、むきを ちゅういして かいてね。

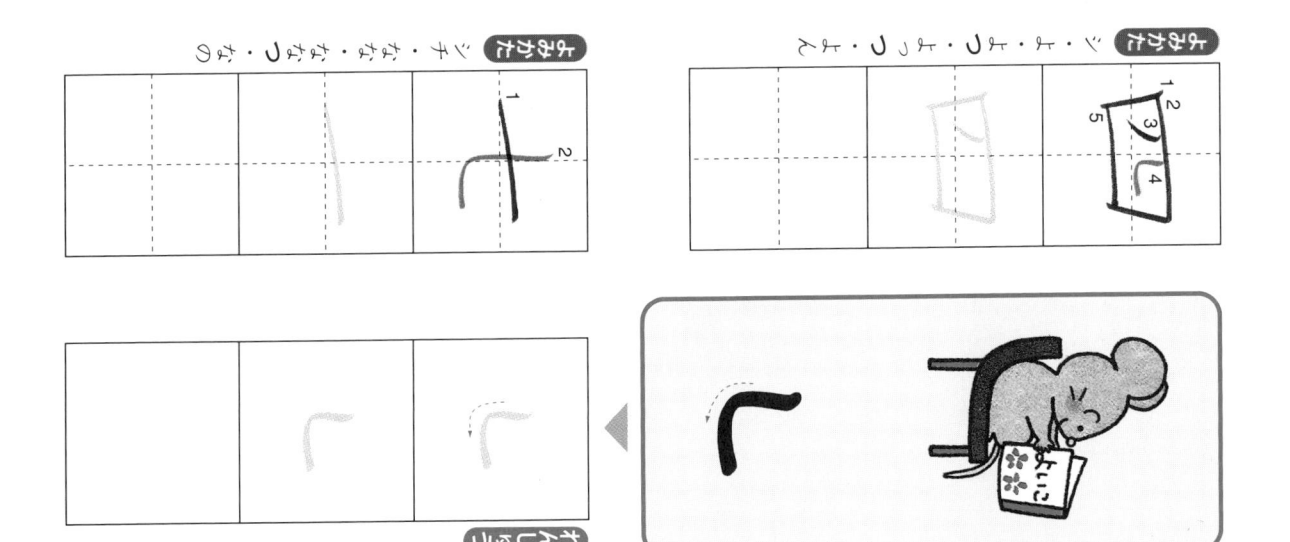

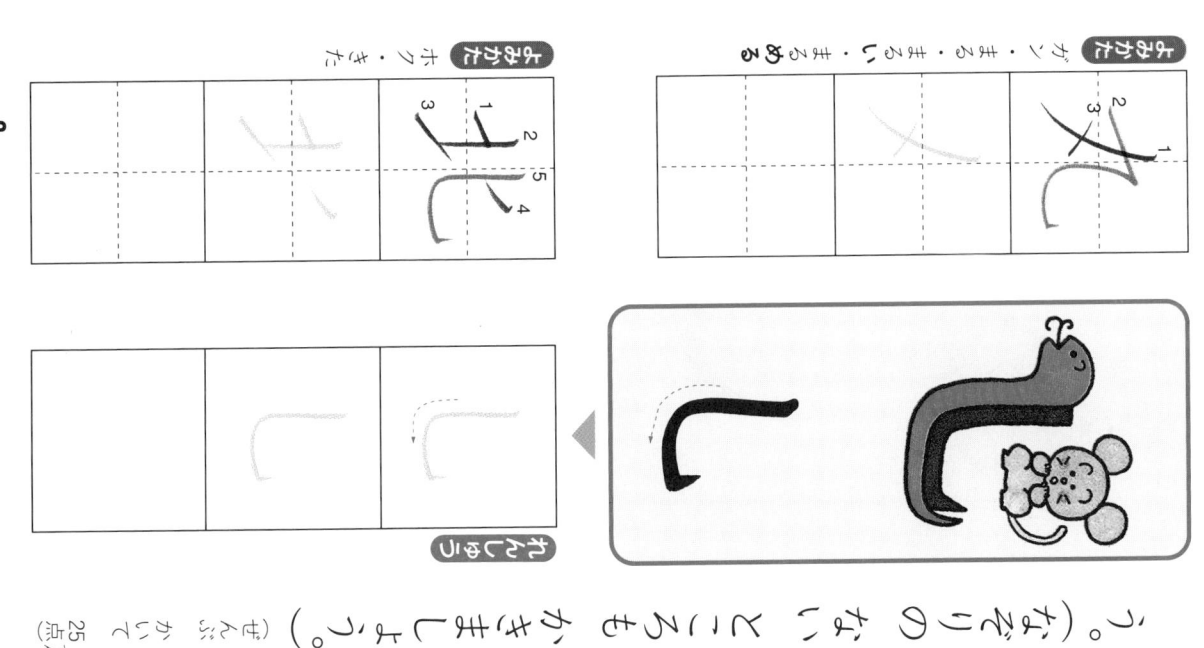

かきかた
5 かん字の「まがり」「⌒」を
④ 書く

1 「まがり」「⌒」を れんしゅうして、かん字を かきましょう。（まがりに きを つけて かきましょう。）
25点

2 「まがり」「⌒」を れんしゅうして、かん字を かきましょう。（まがりに きを つけて かきましょう。）
25点

よみかた：た・つ・き・た
よみかた：まめ・まる・まう・まる
よみかた：な・し・な・な・チ・の
よみかた：ぞ・じょ・じ・しょ・ぞ・じょ

れんしゅう

月　日　名まえ
時　分
〜
時　分
100点

©くもん出版

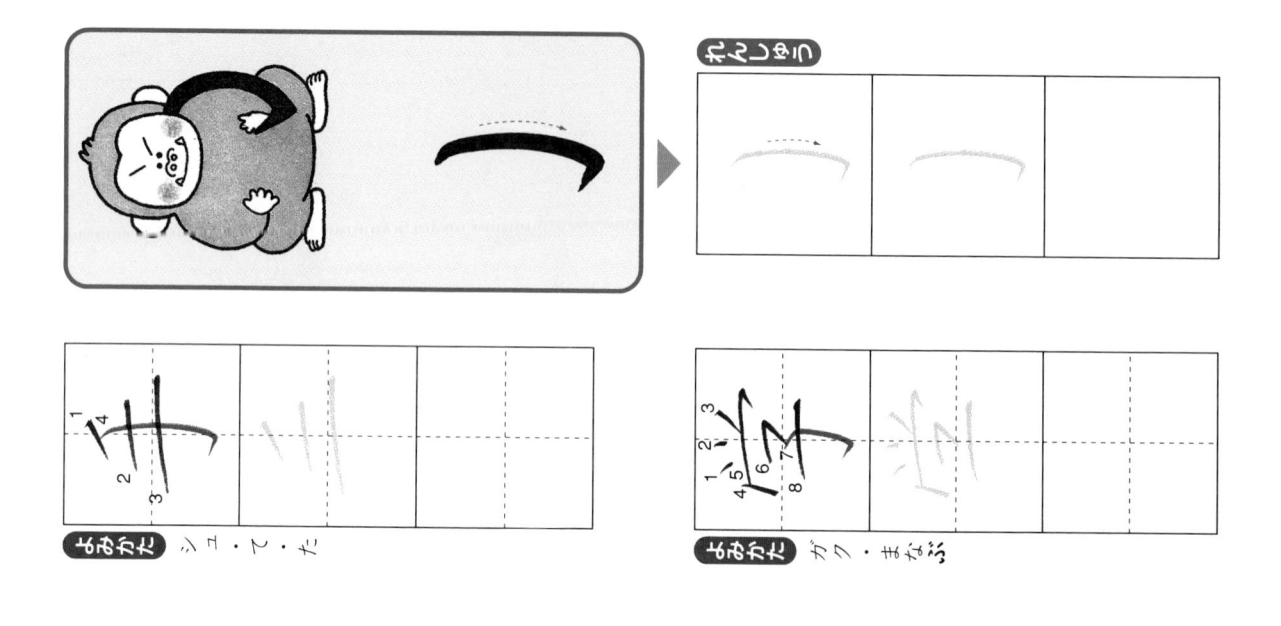

③ 「て」を れんしゅうしてから かん字を かきましょう。（なぞりのない ところにも かきましょう。）(ぜんぶ かいて 25てん)

れんしゅう

よみかた シュ・て・た

よみかた ガク・まなぶ

④ 「て」を れんしゅうしてから かん字を かきましょう。（なぞりのない ところにも かきましょう。）(ぜんぶ かいて 25てん)

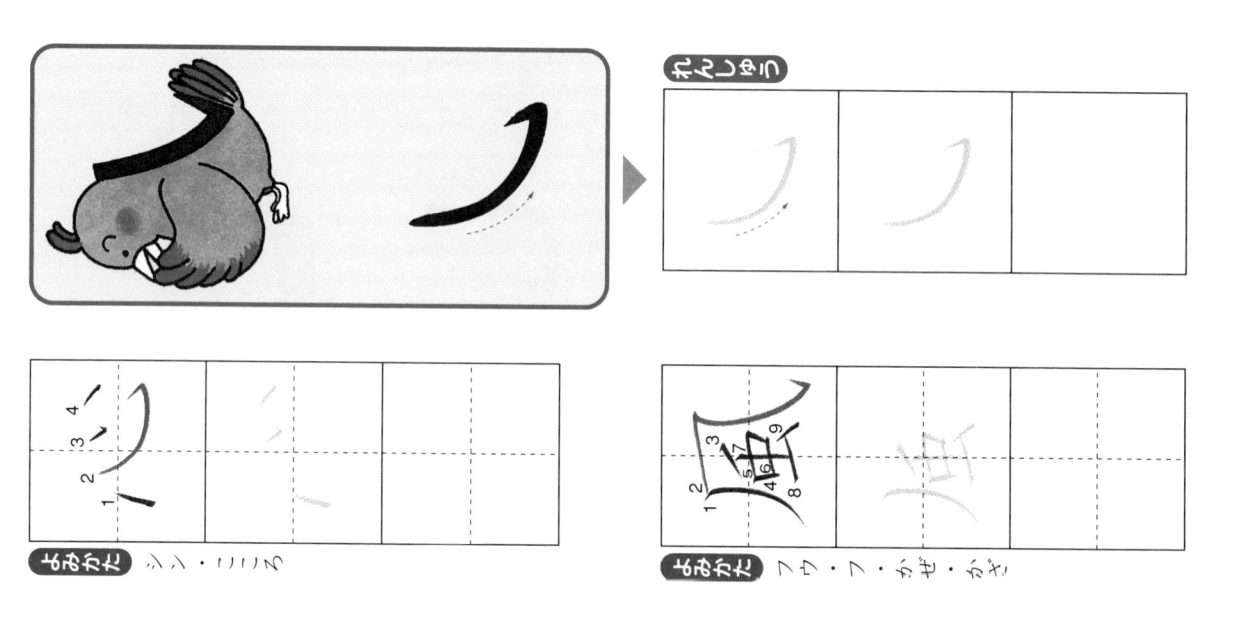

れんしゅう

よみかた ニュウ・いいる

よみかた フウ・フ・かぜ・かざ

「て」は、「おかし」はい いろを かえなして かくよ。

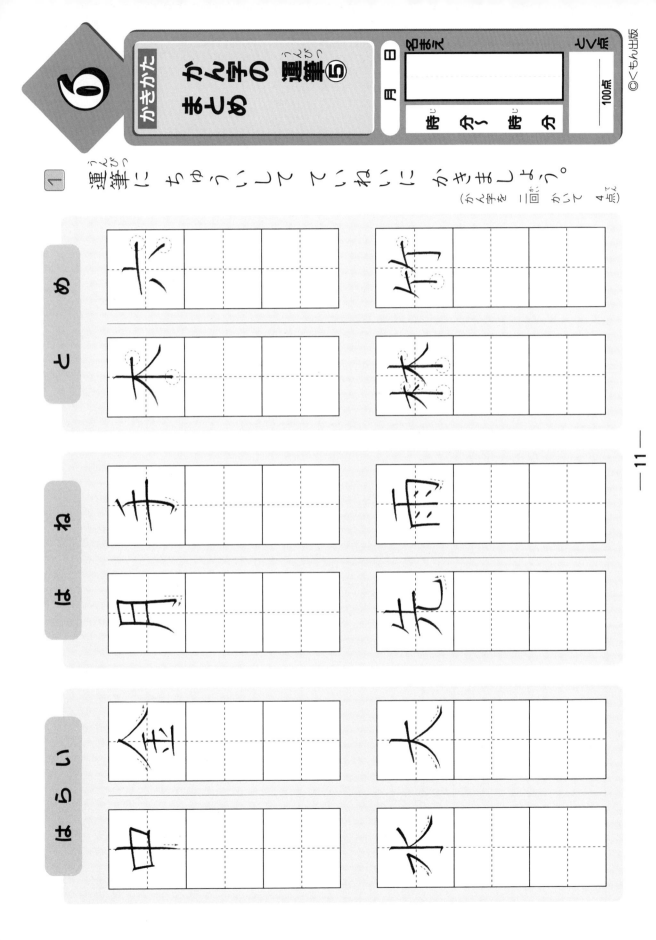

6　かきかた

かん字の　運筆⑤
まとめ

名まえ

月　日

時　分〜時　分

とく点

100点

©くもん出版

1　運筆に　ちゅういして　ていねいに　かきましょう。
（かん字を　一回　かいて　4点）

め

と

ね

は

はらい

2 運筆に ちゅういして かきましょう。(かん字を 一回 かいて 4点)

はね	内			右		
はらい	女			公		

まがり

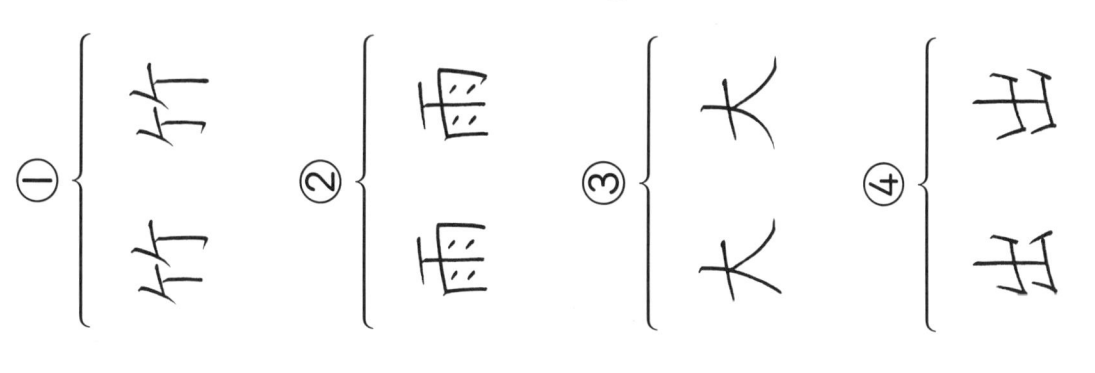

よみかた チ・こけ

よみかた キ・しるす

| そり | 手 | | | 風 | | |

3 かきかたが よい ほうを ○で かこみましょう。(一つ 5点)

① { 竹 竹 } ② { 雨 雨 } ③ { 大 大 } ④ { 出 出 }

かん字の 運筆には、「とめ」「はね」「はらい」「おれ」「まがり」「そり」が あったね。それぞれを 正しく かけるように なろうね。

かん字の かきじゅん①

名まえ

月　日

時　分〜　時　分

とく点

100点

©くもん出版

1 かきじゅんに ちゅういして かきましょう。

（かん字を 四回 かいて 10点）

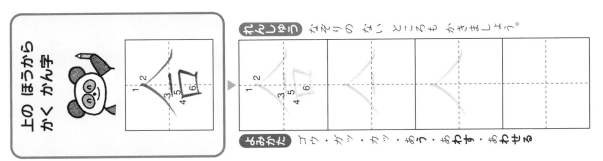

上の ほうから かく かん字

れんしゅう　なぞりの なに とじろも かきましょう。

よみかた　コウ・カン・カン・あう・あわす・あわせる

2 上の ほうから かく かん字です。かきじゅんに ちゅういして かきましょう。

（かん字を 四回 かいて 10点）

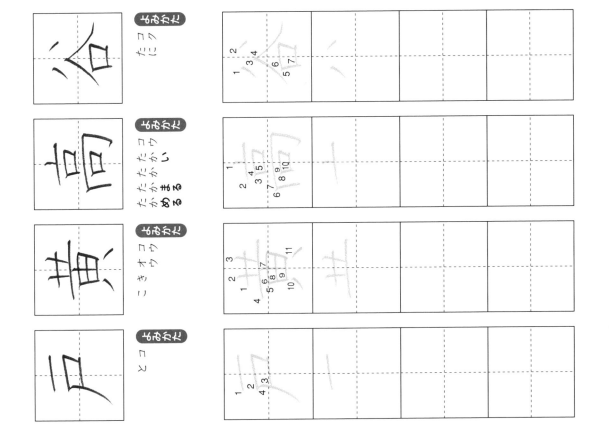

よみかた　コウ
　　　　　ニコ
　　　　　　う

よみかた　コウ
　　　　　たかい
　　　　　たか
　　　　　たかまる
　　　　　たかめる

よみかた　コウ
　　　　　オウ
　　　　　キ
　　　　　ミ
　　　　　ミツ

よみかた　コ
　　　　　と

③ かきじゅんに ちゅういして かきましょう。

（かん字を 四回 かいて 10点）

左の ほうから かん字

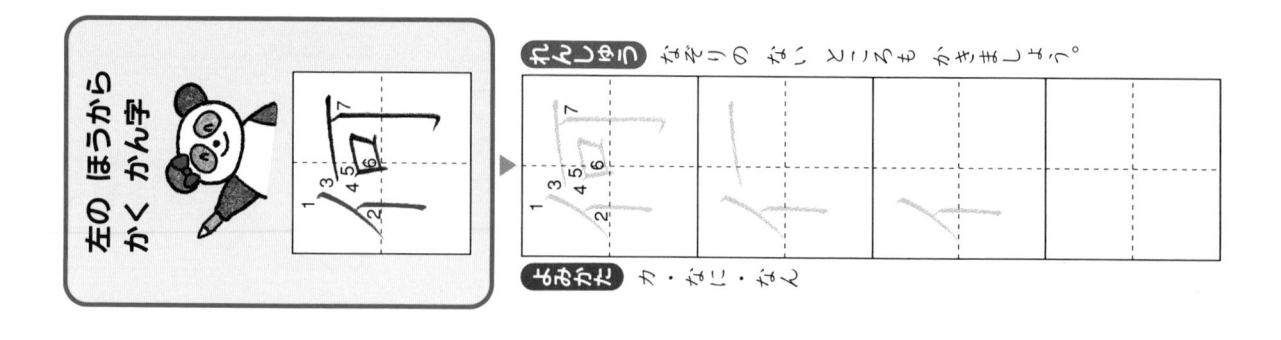

かくしゅう なぞりの かに といいちも かきましょう。

よみかた　カ・なに・なん

④ 左の ほうから かく かん字です。かきじゅんに ちゅうい して かきましょう。

（かん字を 四回 かいて 10点）

よみかた　カ

よみかた　おおやのココ おおうのココ くらしちう くらす

よみかた　ひひイく ひく けく る

よみかた　しキるす しるす

「何」の かん字は、「丁」より「口」を 先に かくよ。気を つけて かこうね。

8

かきかた
かん字の かきじゅん②

月　日　名まえ

時 分〜時 分

100点

とく点

2

それぞれの かん字を よみかたに ちゅういして、いちばん ふとい ぶぶんから かく じゅんに きを つけて かきましょう。

（かん字を 四回 かいて 10点）

明　よみかた　まあケカ　だいンシ

裏　よみかた　うエ　のン

内　よみかた　うダナ　ちイイ

回　よみかた　まエカ　わイ　する

1

かん字を よみかたに ちゅういして、いちばん ふとい ぶぶんから かく じゅんに きを つけて かきましょう。

（かん字を 四回 かいて 10点）

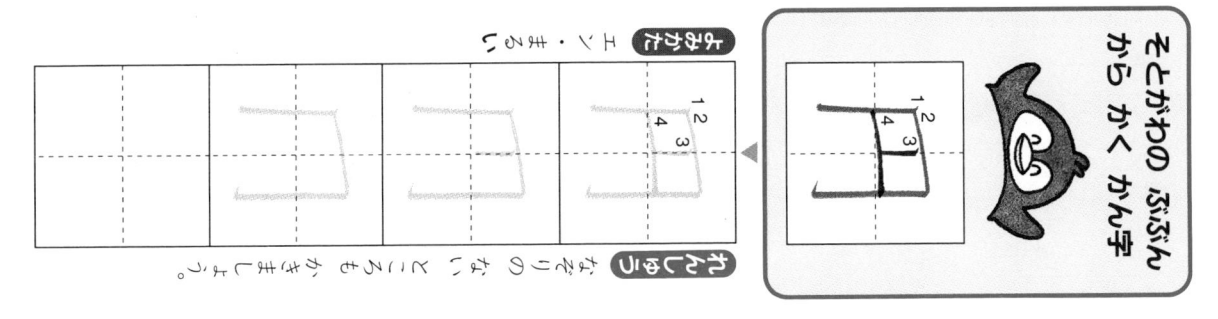

そとがわの ぶぶん から かく かん字

よみかた　とく・まく

れんしゅう　なぞった あとにも かきましょう。

©くもん出版

3 かきじゅんに ちゅういして かきましょう。

（かん字を 四回かい かいて 10点てん）

たて画かくを 先に かく かん字

上

れんしゅう なぞりの ない ところも かきましょう。

よみかた ジョウ・ショウ・うえ・うわ・かみ・あ**げる**・あ**がる**・のぼ**る**・のぼ**せる**・のぼ**す**

4 たて画かくを 先に かく かん字です。かきじゅんに ちゅういして かきましょう。

（かん字を 四回かい かいて 10点てん）

出　よみかた シュツ・スイ・で**る**・だ**す**

止　よみかた シ・と**まる**・と**める**

光　よみかた コウ・ひか**る**・ひかり

当　よみかた トウ・あ**たる**・あ**てる**

「たて画かく」とは、上から 下に かく せんの ことだよ。

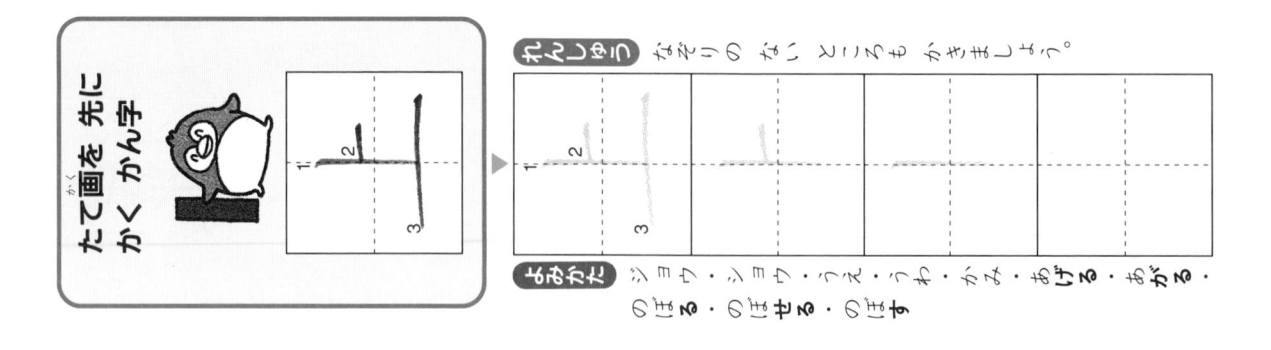

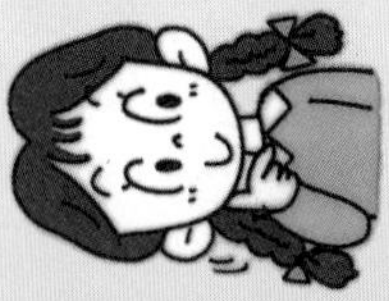

© くもん出版

月 日 名まえ

100点 /とく点

時分～時分

1 かきじゅんに ちゅういして かきましょう。

（かん字を 四回 かいて 10点）

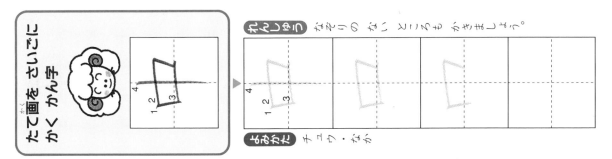

たて画を さいごに かく かん字

れんしゅう なぞりの あと こつづきも かきましょう。

よみかた チュウ・なか

2 たて画を さいごに かく かん字です。かきじゅんに ちゅういして かきましょう。

（かん字を 四回 かいて 10点）

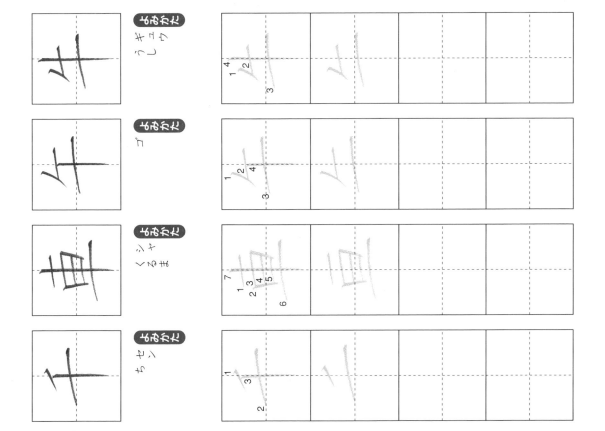

よみかた シュウ

よみかた ゴ

よみかた かくシ ゲる

よみかた セン

— 17 —

③ かきじゅんに ちゅういして かきましょう。
（かん字を 四回 かいて 10点）

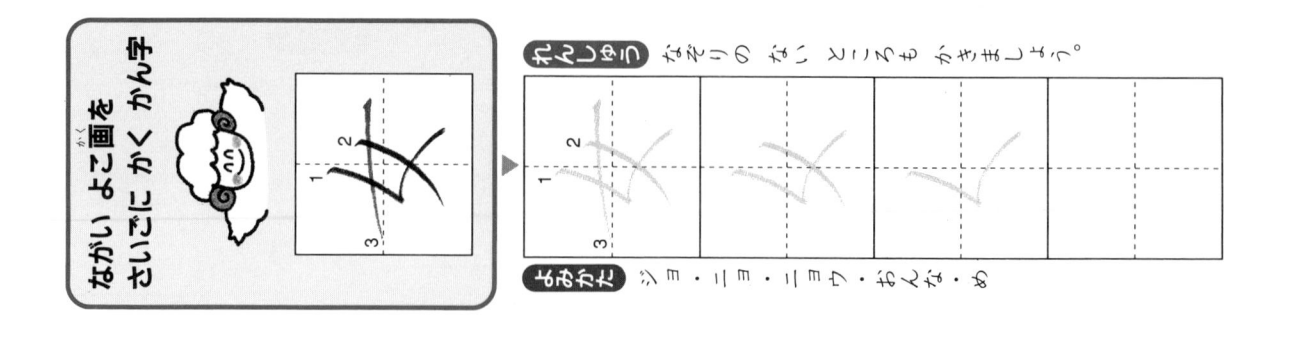

ながい よこ画を さいごに かく かん字

れんしゅう　なぞりの かこ といちも かきましょう。
よみかた　め・おんな・ニョ・ニョウ・ジョ

④ ながい よこ画を さいごに かく かん字です。かきじゅんに ちゅういして かきましょう。（かん字を 四回 かいて 10点）

子　よみかた　シ・ス・こ

字　よみかた　ジ・あざ

母　よみかた　ボ・はは・は

毎　よみかた　マイ

ながい よこ たて画は まっすぐに ひいて かくよ。
「よこ画」は、ひだりから みぎに かく せんの ことだよ。

© くもん出版

かきかた かんじの④

名まえ

月　日

時　分　～　時　分

　　　／100点

1 かん字を ひつじゅんに ちゅういして かきましょう。
（かん字を 一回ずつ ていねいに かきましょう。）10点ずつ

れんしゅう　なぞりがきの あとに、おなじように かきましょう。

「しんにょう」は あとから かく。

よみかた　シン・ちか・い

2 「　」のかん字の（　）は「じ」ぶんから あとから かきますか。ちゅういして じゅんに かきましょう。10点ずつ（かん字を 一回ずつ ていねいに かきましょう。）

よみかた　かよう とおる とおす

よみかた　ノウ おさ い

よみかた　ジュウ チョウ おも い

よみかた　ドウ みち みちびく

3 かきじゅんに ちゅういして かきましょう。

（かん字を 四回 かいて 10点）

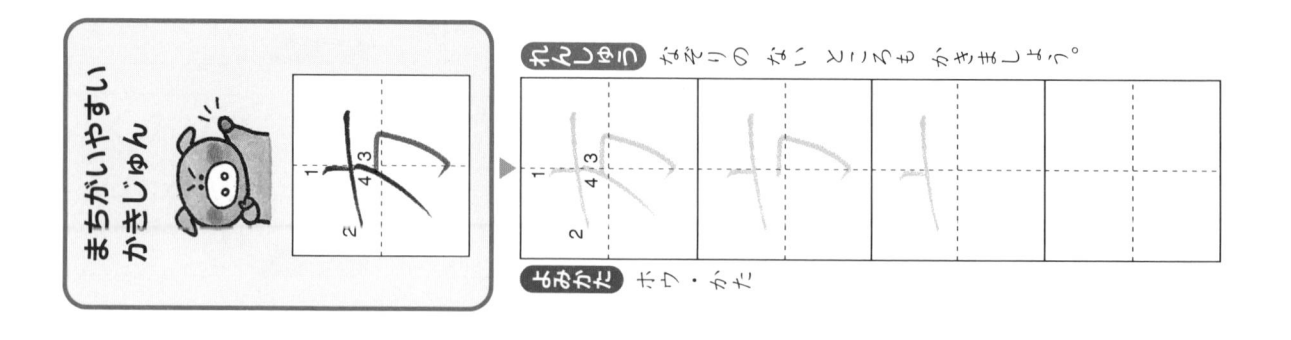

まちがいやすい かきじゅん

れんしゅう　なぞりの かこ といちも かきましょう。

よみかた　ホウ・かた

---

4 まちがいやすい かきじゅんの かん字です。かきじゅんに ちゅういして かきましょう。

（かん字を 四回 かいて 10点）

丸　よみかた　ガン　まる　まるい　まるめる

弓　よみかた　キュウ　ゆみ

曲　よみかた　カン　ク　ショ

区　よみかた　ク　ト　ズ　はかる

かきじゅんが まちがいやすい かん字は、ほかの かん字に ならべて かいて かきじゅんを おぼえよう。

©くもん出版

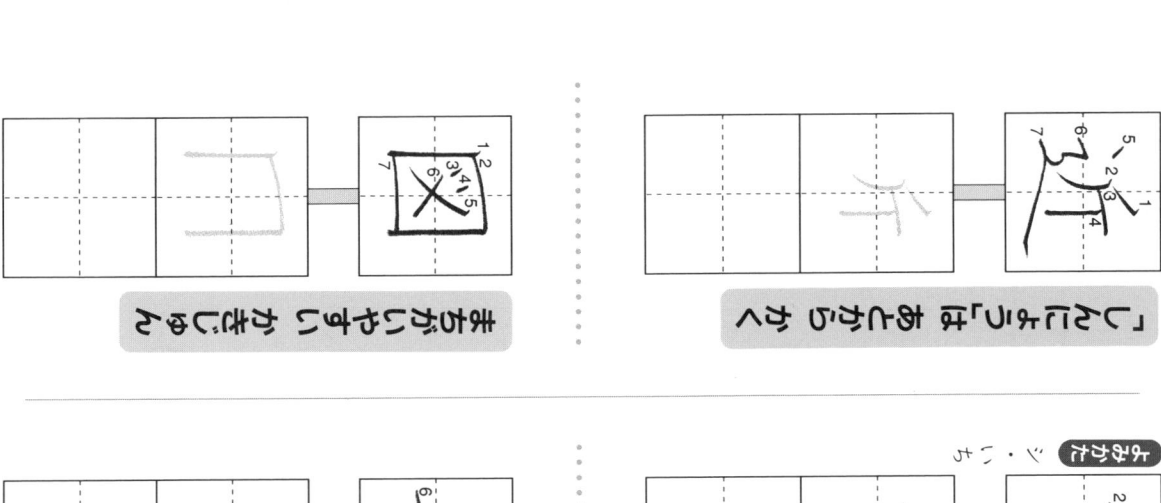

まがりは ていねいに かこう

「つりばり」は はねよう

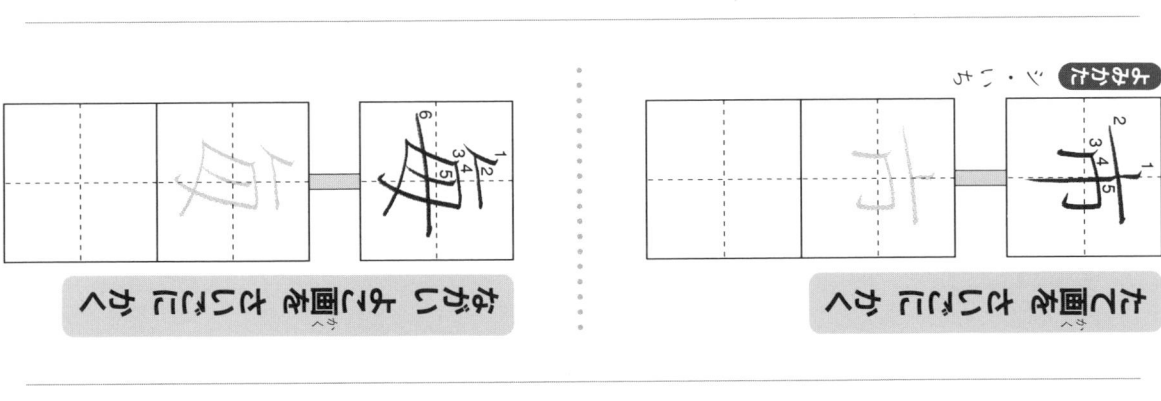

ながい 四画めを とめよう

たて四画めを とめよう

かたち・よこ

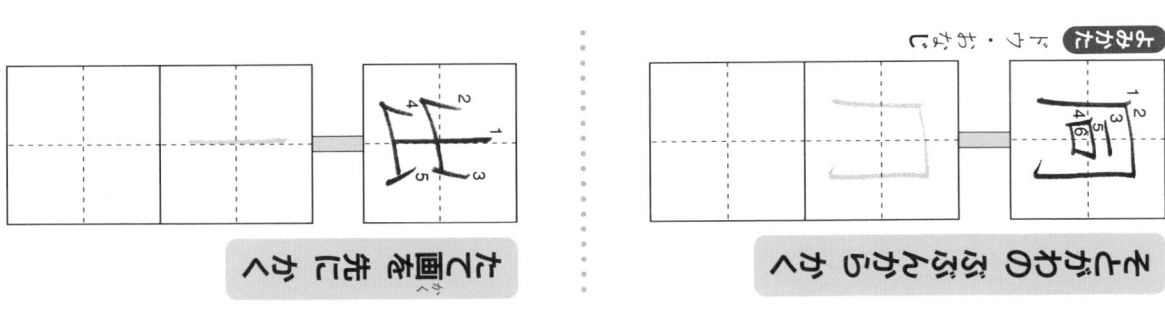

右の 書じゅんに かこう

ながい ふたつの おれかた

かたち・ケ・カ

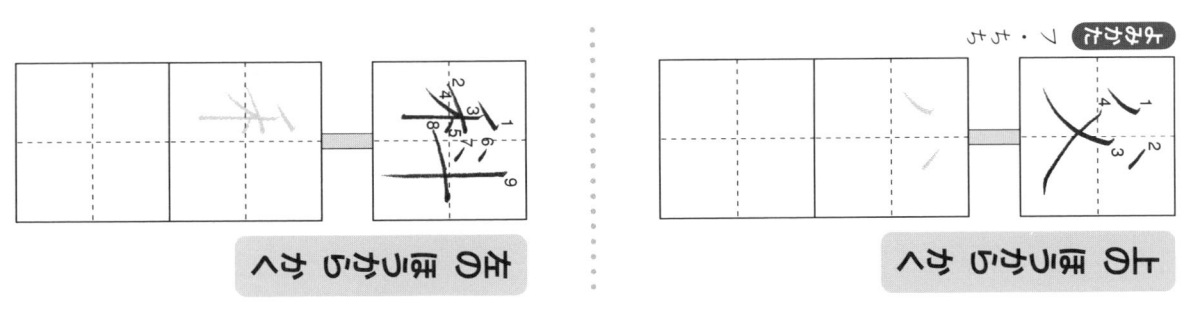

左の 書じゅんに かこう

上の 書じゅんに かこう

かたち・ヌ・メ

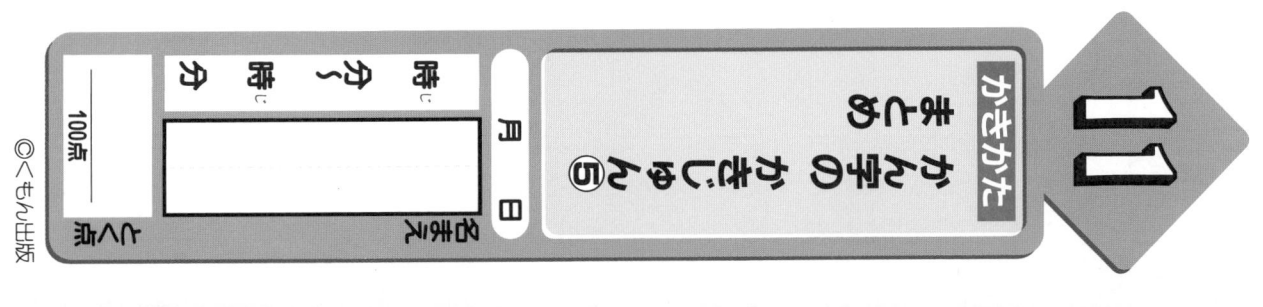

11

1 かきじゅんに きをつけて かん字を なぞりましょう。
（一つ 二回ずつ 5点）

月 日
なまえ

時 分 ～ 時 分

とくてん

100点

2 やじるし（　）の 画は、なん画目ですか。すう字で かきましょう。

（一つ　5点）

〈れい〉　子　（3　画目）

① 戸　（　画目）
② 何　（　画目）
③ 間　（　画目）
④ 光　（　画目）
⑤ 車　（　画目）
⑥ 母　（　画目）
⑦ 週　（　画目）
⑧ 弓　（　画目）

3 かきじゅんが 正しい ほうの（　）に ○を かきましょう。

（一つ　5点）

① {（　）　
　{（　）

② {（　）
　{（　）

③ {（　）
　{（　）

④ {（　）
　{（　）

正しい かきじゅんで かくように すると、文字を きれいに かけるように なるよ。

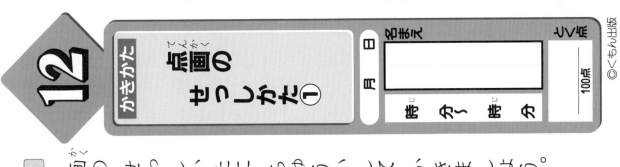

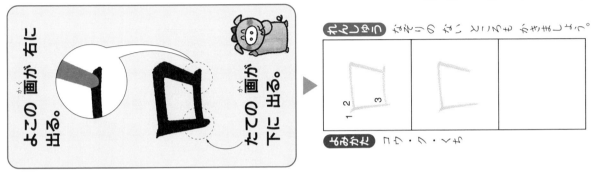

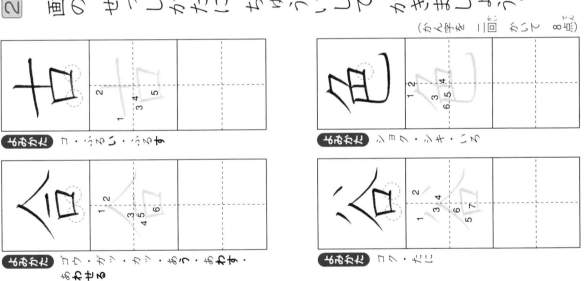

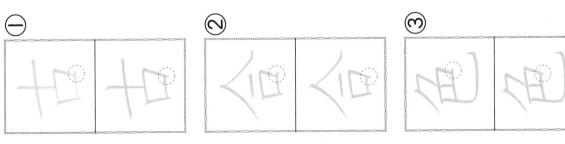

④ 画の せんかたに ちゅういして かきましょう。
（かん字を 三回 かいて 6点）

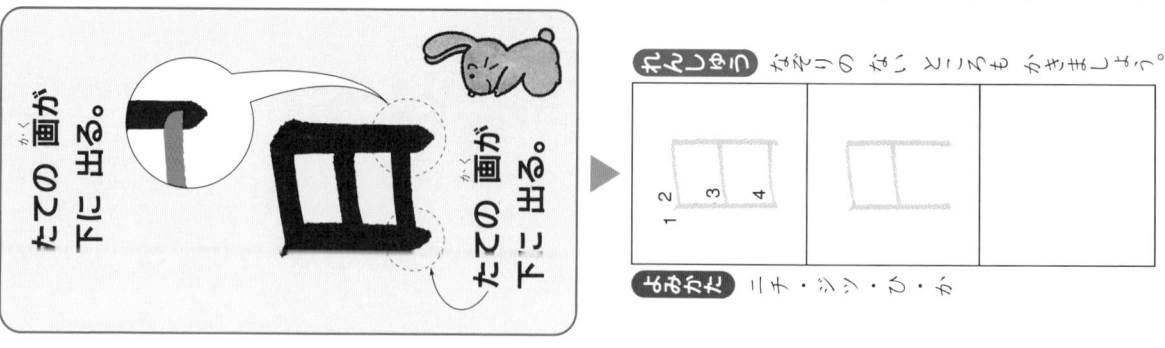

たての画が 下に 出る。

たての画が 下に 出る。

れんしゅう なぞりの なか よいところも かきましょう。

1 2 3 4

よみかた 三チ・ジン・ひ・か

⑤ 画の せんかたに ちゅういして かきましょう。
（かん字を 三回 かいて 8点）

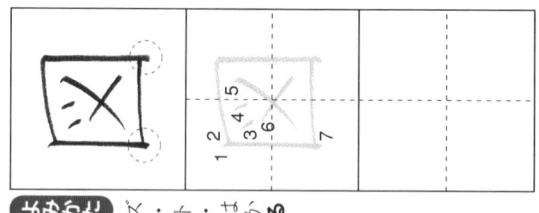

1 2 3 4 5

よみかた モク・ボク・め・ま

1 2 3 4 5 6 7

よみかた ス・ト・は・る

1 2 3 4 5 6 7

よみかた シン・シ・みず・から

1 2 3 4 5 6 7 8 9 10 11 12 13 14 15 16

よみかた シン・おや・したしい・したしむ

⑥ ○の といるの 画の せんかたが よい ほうの かん字を なぞりましょう。
（一つ 4点）

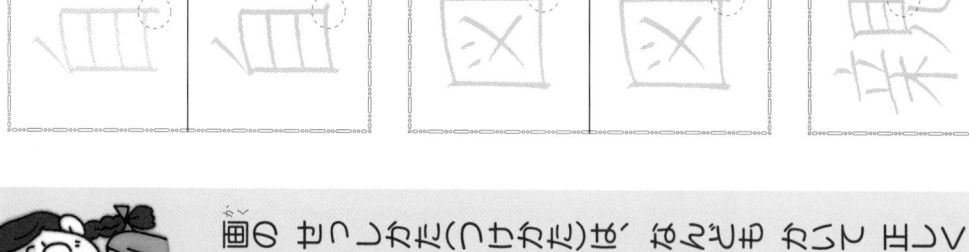

① ② ③

—24—

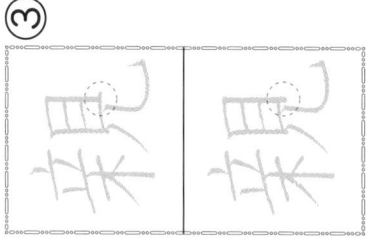

画の せんかた（かきかた）は、いつも かいて 正しく かけるように なろうね。

©くもん出版

点画の せつかた②

名まえ

月 日　時 分～時 分

とく点 ／100点

1　画の せつかたに ちゅういして かきましょう。
（かん字を 三回 かいて 5点）

左はらいが 出る。

かんしゅう　なぞりの なこ と いろも かきましょう。

よみかた　コン・キン・いま

2　左はらいと 右はらいの せつかたに ちゅういして かきましょう。
（かん字を 一回 かいて 5点）

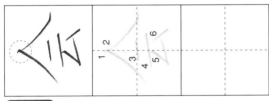

よみかた　カイ・エ・あう

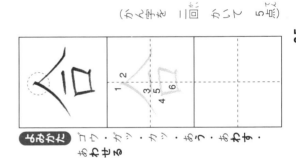

よみかた　コウ・ガウ・カツ・あう・あわす・あわせる

よみかた　ショク・ジキ・くう・くらう・たべる

3　○の といろの 画の せつかたが よい ほうの かん字を なぞりましょう。
（一つ 10点）

①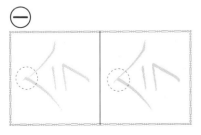

②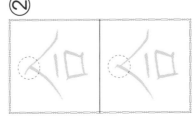

③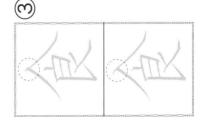

4 画の せんかたに ちゅういして かきましょう。

(かん字を 三回 かいて 10点)

よこの画に たての画が あさく せっする。

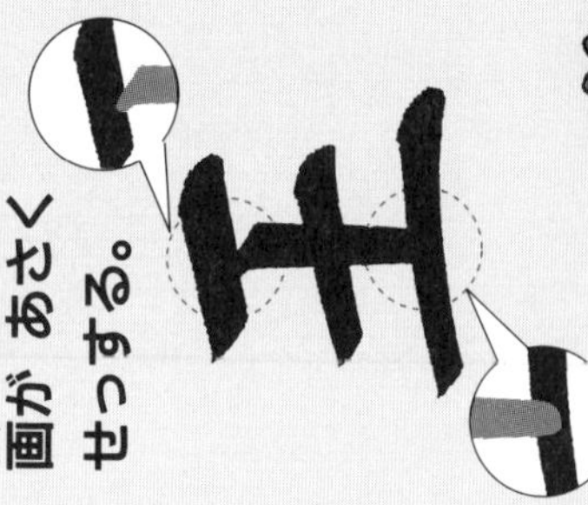

たての画に よこの画が ふかく せっする。

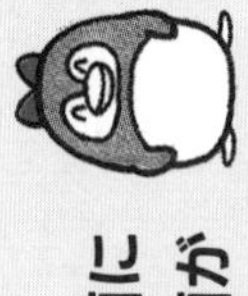

れんしゅう なぞりの かき じゅんも かきましょう。

よみかた オウ

5 よこ画と たて画の せんかたに ちゅういして かきましょう。

(かん字を 五回 かいて 10点)

よみかた ゲン・ガン・もと

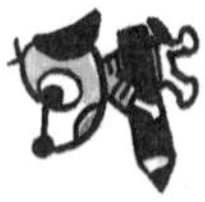

よみかた サク・サ・つくる

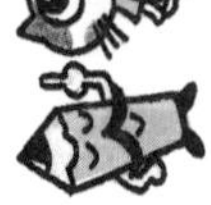

よみかた シ・つち・ます

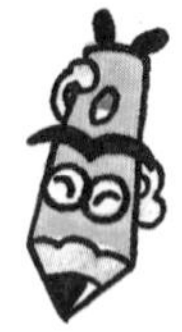

よみかた セイ・ショウ・ほし

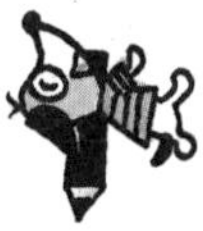

—26—

よこ画が 先か、たて画が 先か、せんかたが かわって くるんだね。

名まえ

月 日

とく点

100点

とても よく できました

1 まじわる ぼうに ちゅういして かきましょう。

(かん字を 三回 かいて 10点)

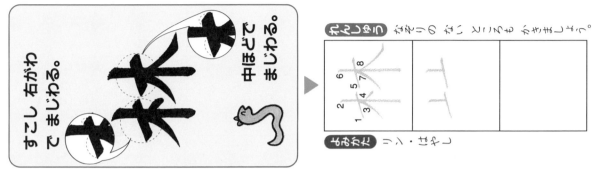

すこし 右がわで まじわる。

中ほどで まじわる。

かきじゅん なぞりのこりを かきましょう。

よみかた リン・せり

2 画の まじわる ところに ちゅういして かきましょう。

(かん字を 四回 かいて 10点)

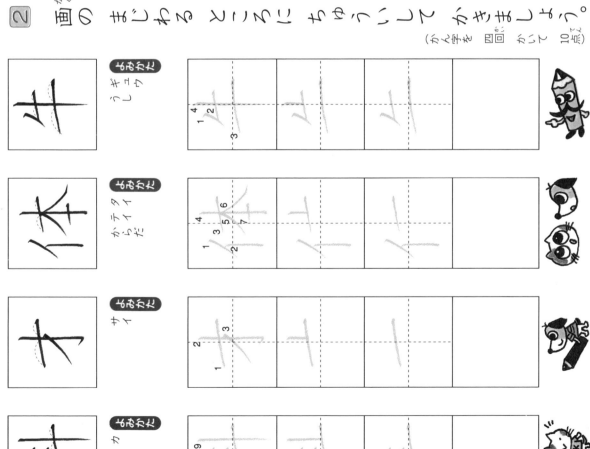

よみかた うし ギュウ

よみかた からだ タイ

よみかた サイ

よみかた リョウ

3 まじわりかたに ちゅういして かきましょう。

(かん字を 三回 かいて 10点)

よこ画に ななめに まじわる。

れんしゅう なぞりの かく じゅんも かきましょう。

よみかた コウ・ます

4 画の まじわる ところに ちゅういして かきましょう。

(かん字を 四回 かいて 10点)

丸　よみかた ガン まるい まるまる まるめる

考　よみかた コウ かんがえる

欠　よみかた ケツ かく かける

帯　よみかた タイ おび

—28—

かきおわったら、じょうずに かけているか 下の 手本の 字を くらべて みよう。

©くもん出版

15

かきかた

点画の書き方②

月　日　　名まえ

時　分～時　分

100点
とくてん

---

② 画の じゅんに ひつじゅんを たしかめながら かん字を 四回ずつ なぞりましょう。(一字 10点)

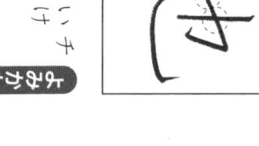

茶 よみかた　サ・チャ

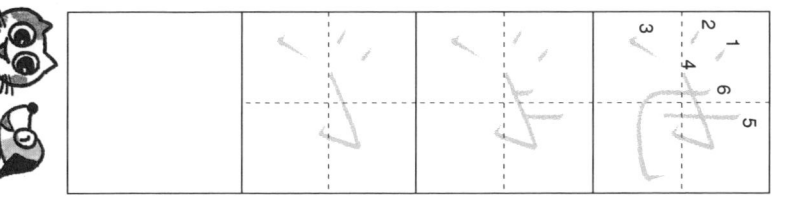

違 よみかた　こ・ウ・オ

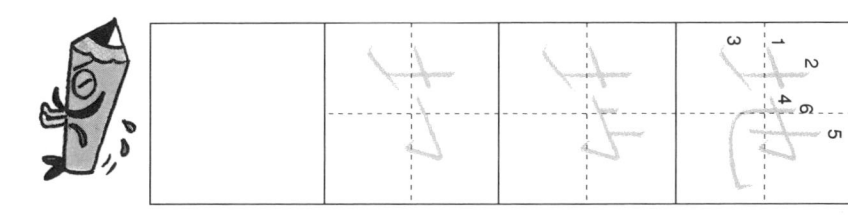

地 よみかた　ジ・チ

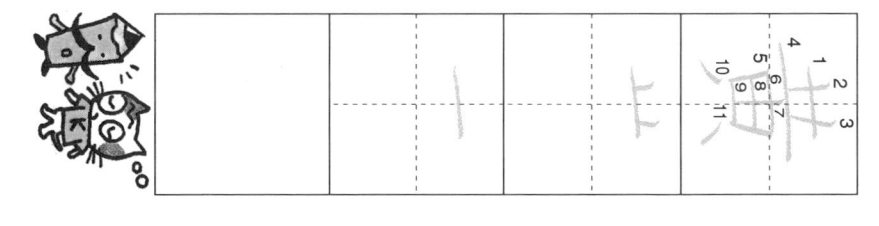

池 よみかた　いけ・チ

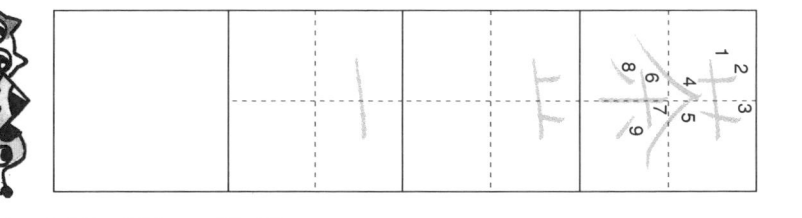

---

① まじっている よこ画に たて画が ちゅういしながら かん字を 三回ずつ なぞりましょう。(一字 10点)

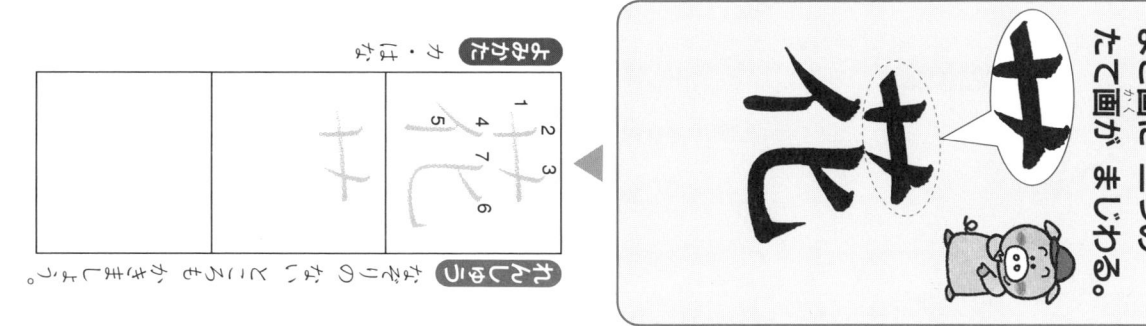

よこ画に 二つの たて画が まじわる。

花 よみかた　カ・はな

れんしゅう

③ まじわる ところ、はなす ところに ちゅういして かきましょう。

（かん字を 三回 かいて 10点）

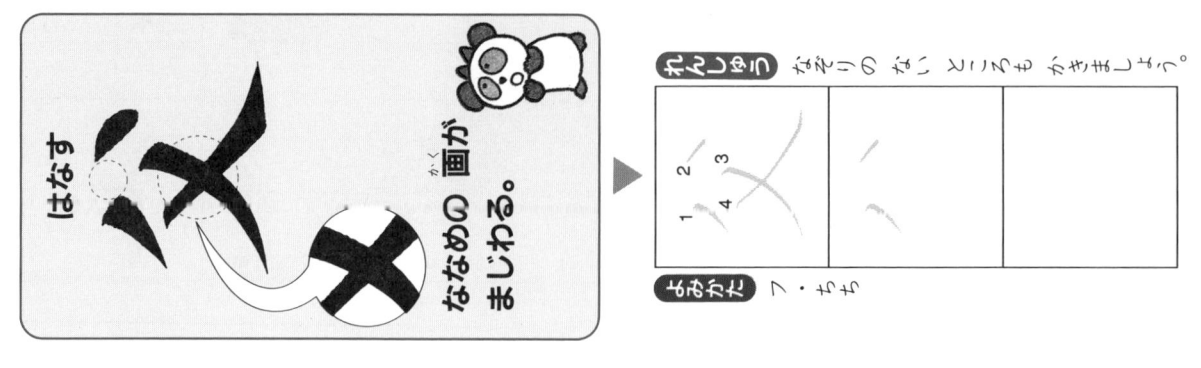

はなす

ななめの 画が まじわる。

れんしゅう　なぞって かく ところも かきましょう。

1 2 3 4

おてほん　ア・ちち

④ 画の まじわる ところ、はなす ところに ちゅういして かきましょう。

（かん字を 四回 かいて 10点）

おてほん				
ふと（い） ゆう				
コウ まじわる まじえる・まじる まぜる・まざる かわす・かう				
コウ おおやけ				
ブン・フン・ブ わける・わかれる わかる・わかつ				

— 30 —

はなして かく ところが、ちかすぎたり はなれすぎたり して いないかな。

©くもん出版

©くもん出版

名まえ

月 日

時 分〜時 分

とく点

100点

1 せっしかた まじわりかたに ちゅういして かきましょう。

（かん字を 一回 かいて 5点）

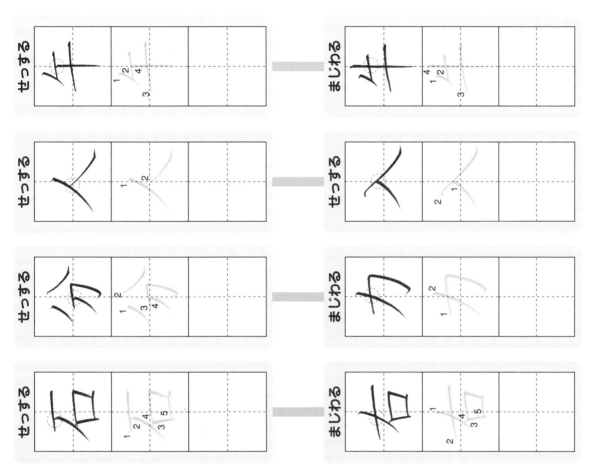

せっする　　まじわる

せっする　　せっする

せっする　　まじわる

せっする　　まじわる

2 かきかたが よい ほうを ○で かこみましょう。

（一つ 2点）

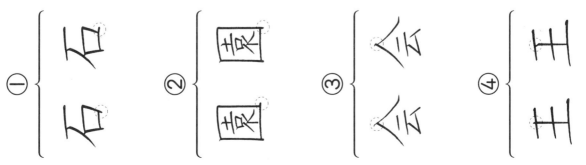

① ② ③ ④

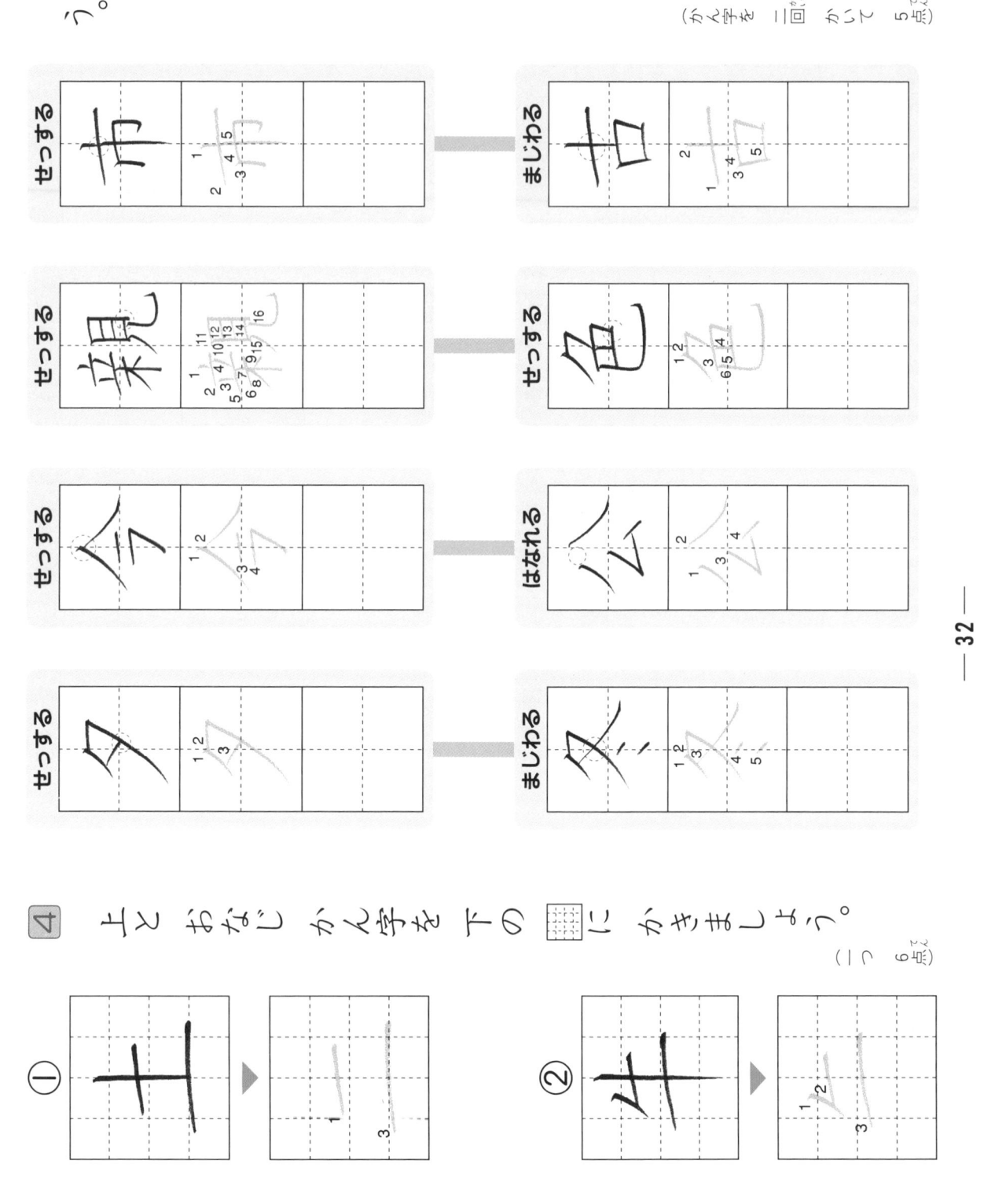

3 せいかくな まじわりかたに ちゅういして かきましょう。

（かん字を 一回 かいて 5点）

| | せっする | | | まじわる | |

| | せっする | | | せっする | |

| | せっする | | | はなれる | |

| | せっする | | | まじわる | |

4 上と おなじ かん字を 下の ▦ に かきましょう。

（一つ 6点）

① ▶

② ▶

うまく かけなかった かん字は、ほかの かみに かいて れんしゅうしましょう。

画の ながさ①

名まえ

月　日

時　分　時　分

100点

とく点

1　ながい画の ながさに ちゅういして かきましょう。

（かん字を 四回 かいて 10点）

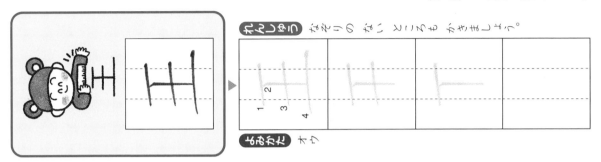

れんしゅう　なぞりの なに つづきも かきましょう。

1　2　3　4

よみかた　オウ

2　ながい画の ながさに ちゅういして かきましょう。

（かん字を 二回 かいて 5点）

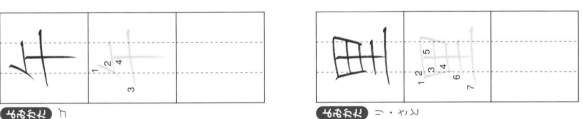

1　2　3

よみかた　ゴ

1　2　3　4　5　6　7

よみかた　リ・さと

1　2　3

よみかた　モウ・け

1　2　3　4　5　6　7　8　9　10

よみかた　ショ・か

3　ながい画の ながさに ちゅういして、正しく かきなおし
ましょう。

（一つ 10点）

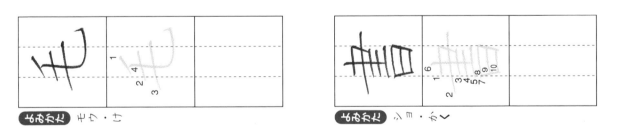

① わるい れい

② わるい れい

4 たて画（かく）の ながさに ちゅういして かきましょう。

（かん字を 四回（かい） かいて 10点（てん））

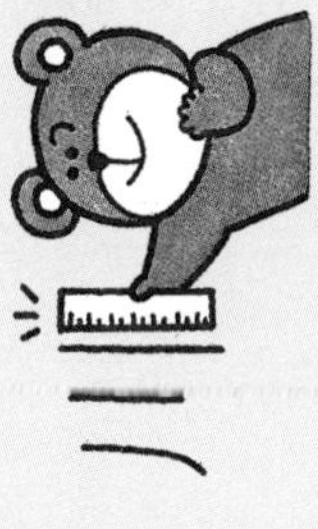

川

れんしゅう なぞりの ないところも かきましょう。

川 1 2 3

よみかた セン・かわ

5 たて画（かく）の ながさに ちゅういして かきましょう。

（かん字を 二回（かい） かいて 5点（てん））

止 1 2 3 4

よみかた シ・とまる・とめる

羽 1 2 3 4 5 6

よみかた ウ・は・はね

用 1 2 3 4 5

よみかた ヨウ・もちいる

間 1 2 3 4 5 6 7 8 9 10 11 12

よみかた カン・ケン・あいだ・ま

6 たて画（かく）の ながさに ちゅういして、正しく かきなおしましょう。

（一つ 10点（てん））

① わるい れい 止

② わるい れい 羽

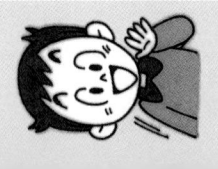

「わるい れい」も まちがいでは ないけれど、より 正しい 字の かたちで かけるように れんしゅうしよう。

18

かきかた

画の かきかた②

名まえ

月　日

とく点

＿＿／100点

©くもん出版

---

1 「はらい」の なかたに ちゅういして かきましょう。

（かん字を 四回 かいて 10点）

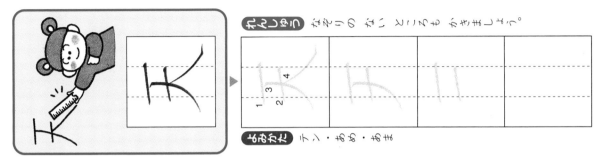

れんしゅう　なぞりの ところも かきましょう。

よみかた　テン・あめ・あま

---

2 「はらい」の なかたに ちゅういして かきましょう。

（かん字を 一回 かいて 5点）

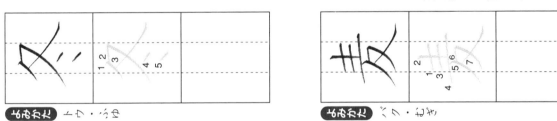

よみかた　ニク・か

よみかた　バク・むぎ

よみかた　キン・ちか

よみかた　バン

---

3 「はらい」の なかたに ちゅういして、正しく かきなおしましょう。

（一つ 10点）

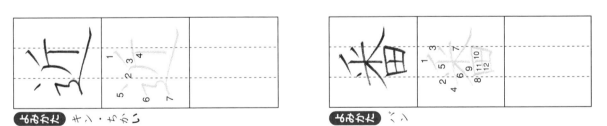

① わるい れい　▶

② わるい れい　▶

4 画の ながさに ちゅういして かきましょう。

(かん字を 四回 かいて 10点)

れんしゅう なぞりの あと じぶんでも かきましょう。

よみかた く・なか は

5 画の ながさに ちゅういして かきましょう。

(かん字を 一回 かいて 5点)

よみかた セイ・ショウ・ほし

よみかた ブン・モン・きく・きこえる

よみかた トウ・おなじ

よみかた ブン・ちち

6 画の ながさに ちゅういして、正しく かきなおしましょう。

(一つ 10点)

① わるい れい

② わるい れい

— 36 —

「文」のように せんの ながさが 二つ ある ときは しんちょうに せんの ながさに 気を つけようね。

©くもん出版

19

かきかた
点画の ほうこう①（てんかくの）

月　日
名まえ

時分～時分

100点
点

2 つぎの かん字の 「おれ」や 「はね」の 画を なぞりましょう。
(1つ 6点)

③

②

①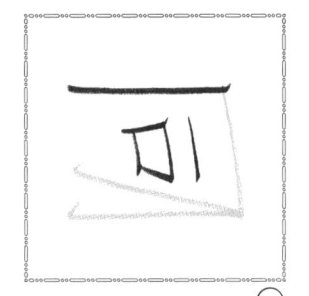

1 「おれ」や 「はね」の ついて いる ところに ちゅういして、いちばん 下の 字を 一回 ずつ かきましょう。
(1つ 8点)

よみかた
うろうろ

はね

れんしゅう

よみかた
かお
かた

おれ

れんしゅう

よみかた
タテ

おれ

れんしゅう

よみかた
ドウ
おなじ

おれ

れんしゅう

3 「左はらい」の ほうこうの ちがいに ちゅういして かきましょう。（かん字を 二回 かいて 8点）

毛

よみかた
モウ
け

れんしゅう

万

よみかた
マン
バン

れんしゅう

太

よみかた
タイ
タ
ふとい
ふとる

れんしゅう

明

よみかた
メイ・ミョウ
あかり
あかるい
あかるむ
あからむ
あきらか
あける
あく・あくる
あかす

れんしゅう

4 よい ほうの 「はらい」の 画を なぞりましょう。（一つ 6点）

① 毛

② 万

③ 明

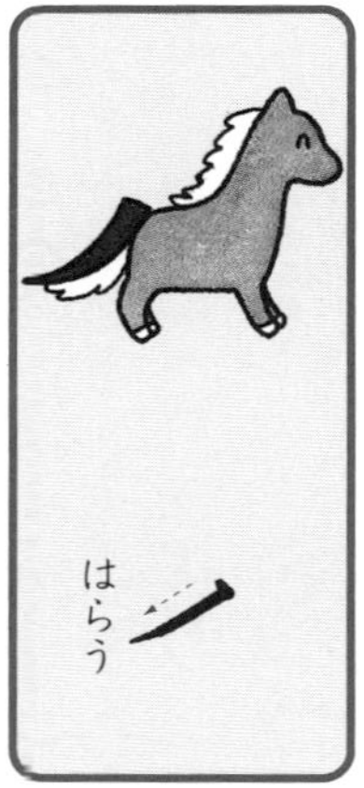

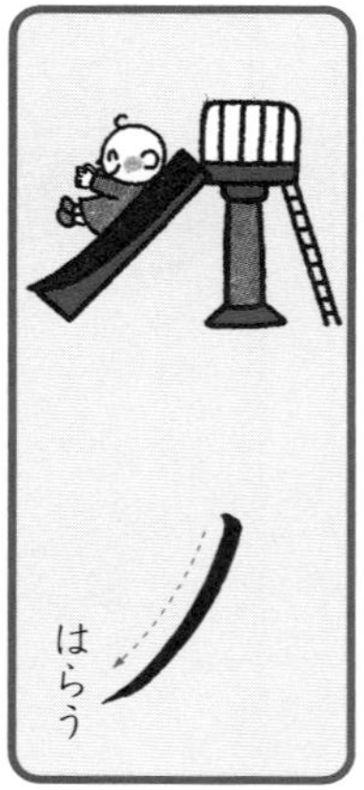

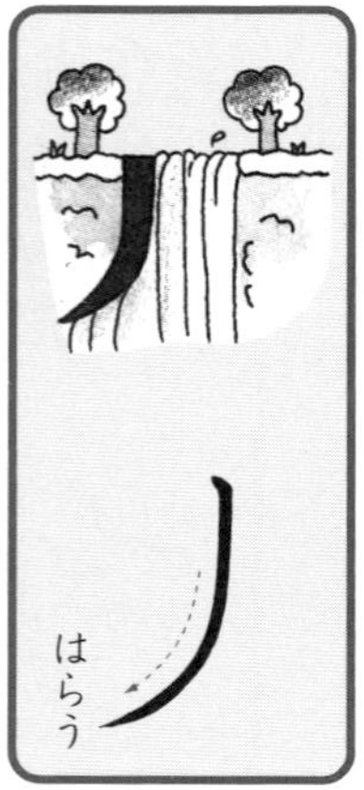

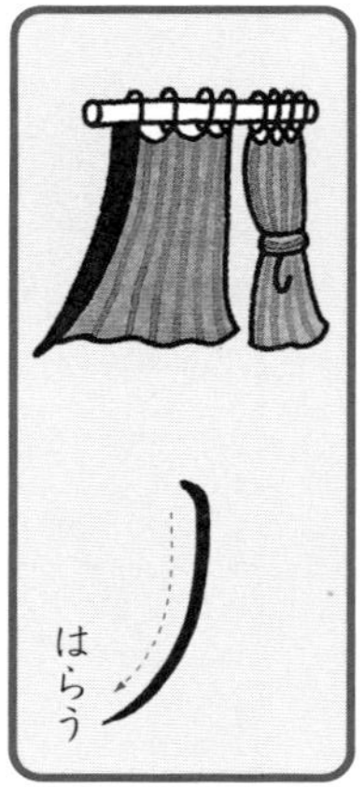

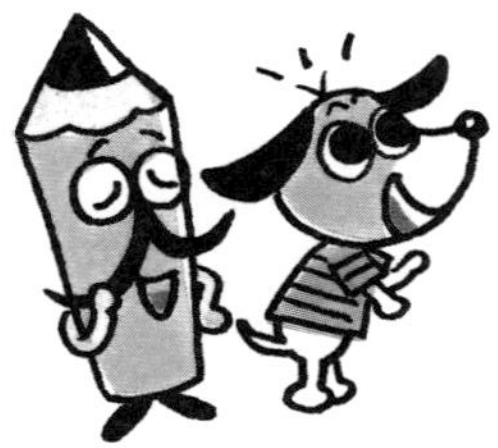

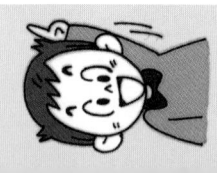

画の ほうこうを 正しく かくと、字の かたちが きれいに なるよ。
ほかの かみを つかって なんども れんしゅうしよう。

20 かきかた　点画の 書きかた②

名まえ

月　日

時　分～時　分

100点

1 「はらい」の 書きかたの ちがいに ちゅういして かきましょう。　(かん字を 一回 かいて 8点)

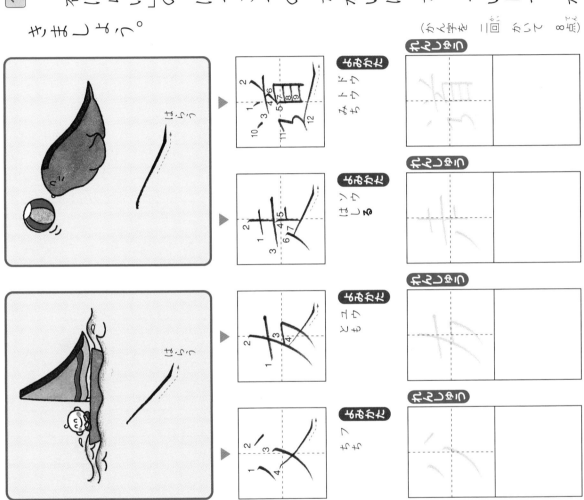

よみかた

れんしゅう

2 よこ ほうの「はらい」の 画を なぞりましょう。(1つ 6点)

①

②

③

③ 「はね」の ほうこうの ちがいに ちゅういして かきましょう。

（かん字を 一回 かいて 8点）

よみかた　かど　モン

れんしゅう

よみかた　なく　なる　ならす　メイ

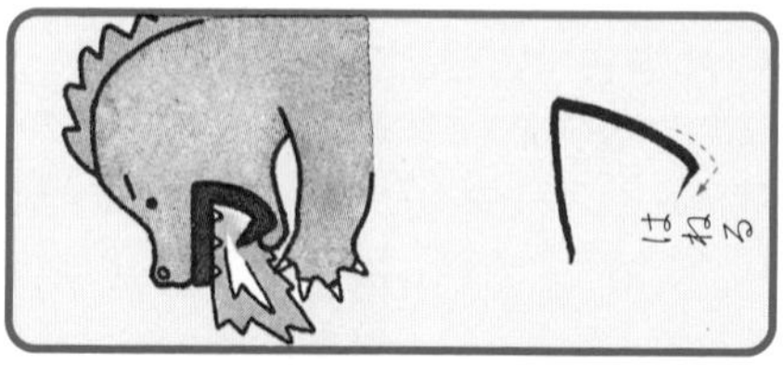

れんしゅう

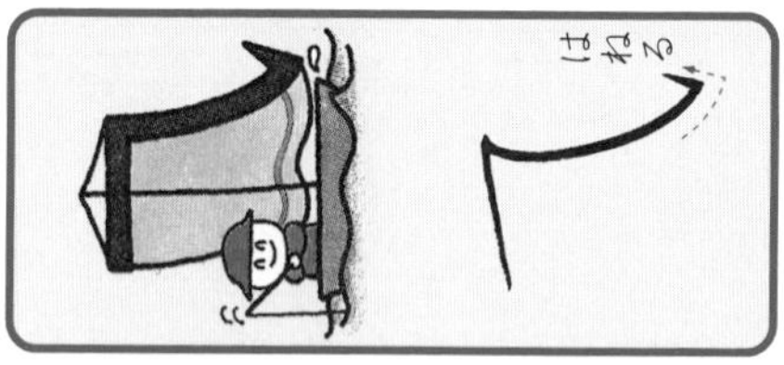

よみかた　かぜ　かざ　フウ

れんしゅう

よみかた　きた　ホク

れんしゅう

④ よこ ぼうの 「はね」の 画を なぞりましょう。（一つ 6点）

①

②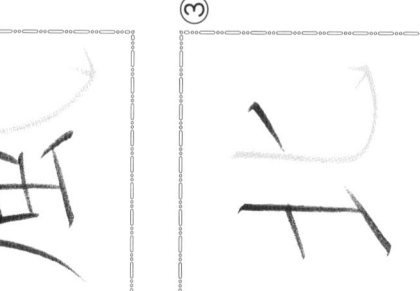

③

— 40 —

はねる ときには、じしゃくで すいつける ように、ひつじゅんに ちゅういしてから かいて みよう ね。

1 画の ながさに ちゅういして かきましょう。

（かん字を 一回 かいて 5点）

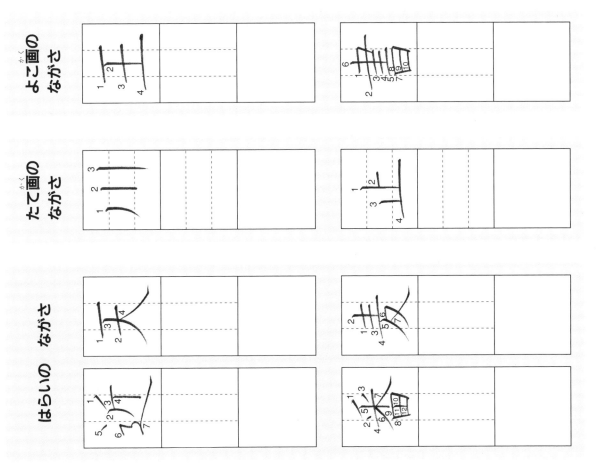

よこ画の ながさ

たて画の ながさ

はらいの ながさ

2 かきかたが よい ほうを ○で かこみましょう。

（一つ 2点）

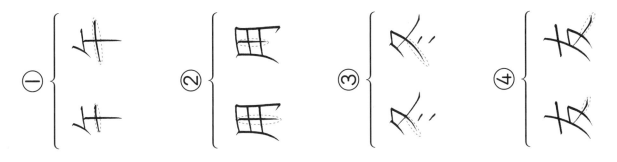

① ② ③ ④

③ 「おれ」・「左はらい」・「右はらい」・「はね」の ほうほうに ちゅういして かきましょう。

（かん字を 一回 かいて 5点）

| おれ | | | |

| 左はらい | | | |

| 右はらい | | | |

| はね | | | |

④ かきかたが よい ほうを ○で かこみましょう。

（一つ 3点）

① 回 / 回

② 毛 / 毛

③ 風 / 風

④ 水 / 水

画の ながさや ほうこうに 気を つけて かけるように なったかな?

©くもん出版

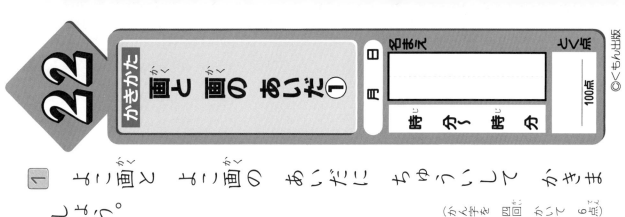

1 より画と より画の あいだに ちゅういして かきましょう。

（かん字を 四回 かいて 6点）

れいしゅう

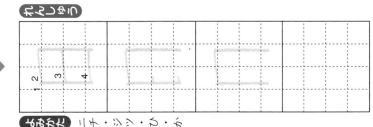

よみかた ニチ・ジツ・ひ・か

2 れいを 見てから 画と 画の あいだに ちゅういして かきましょう。

（かん字を 四回 かいて 10点）

〈れい〉

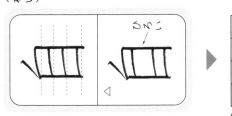

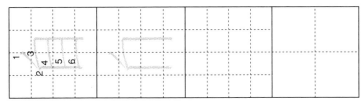

よみかた ジ・シ・みずから

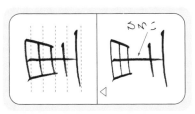

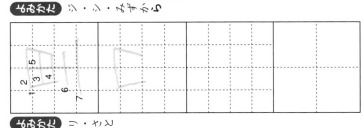

よみかた コウ・カ

─ 43 ─

3 画と 画の あいだに ちゅういして かきましょう。（一つ 8点）

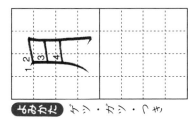

よみかた ゲツ・ガツ・つき

よみかた セイ・ショウ・いきる・いかす・いける・うまれる・うむ・おう・はえる・はやす・き・なま

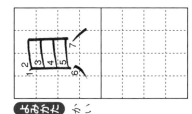

よみかた か

4 □ なぞった画と 画の あいだに ちゅういして かきましょう。

（かん字を 四回 かいて 6点）

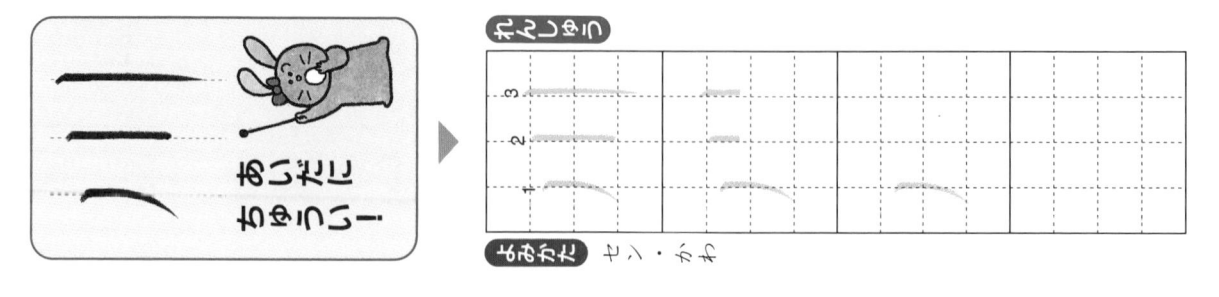

よみかた　セン・かわ

5 □ れいを 見てから、画と 画の あいだに ちゅういして かきましょう。

（かん字を 四回 かいて 10点）

〈れい〉

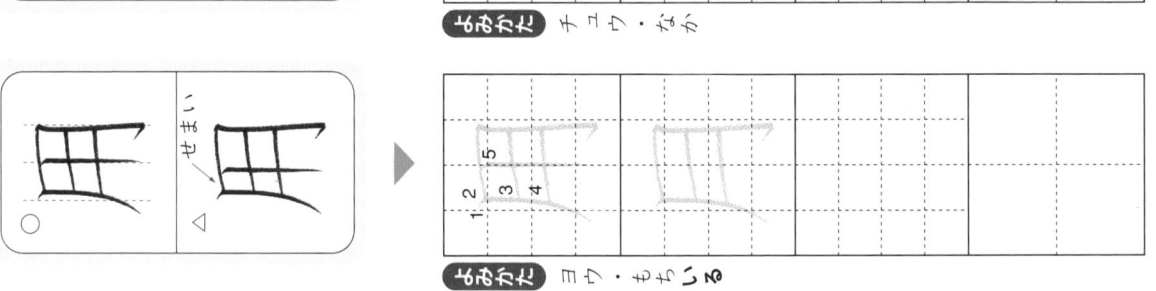

よみかた　チュウ・なか

よみかた　ヨウ・もちいる

6 □ 画と 画の あいだに ちゅういして かきましょう。（一つ 8点）

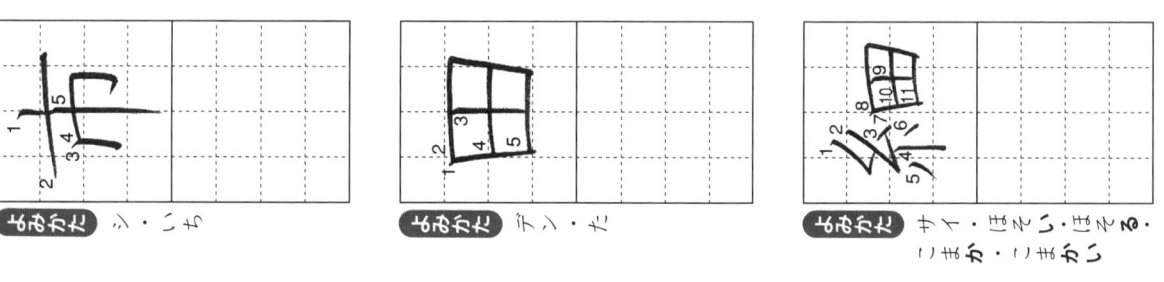

よみかた　シ・こと

よみかた　デン・た

よみかた　サイ・もちう・もちいる・もちか・もちい

たて画を まん中に かくのは むずかしいけれど、なんども かいて れんしゅうしようね。

— 44 —

1 「はらう」の あいだに ちゅういして かきましょう。
（かん字を 四回 かいて 6点）

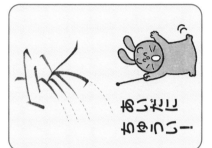
あいだに ちゅうい！

れんしゅう

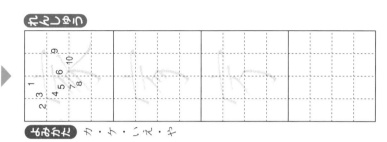
よみかた　カ・ケ・こえ・や

2 れいを 見てから 画と 画の あいだに ちゅういして
かきましょう。
（かん字を 四回 かいて 7点）

〈れい〉

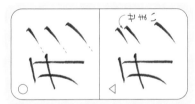
○ △ せまい

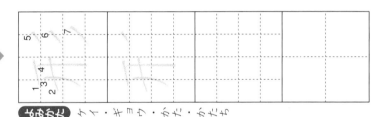
よみかた　ケイ・キョウ・かた・かたち

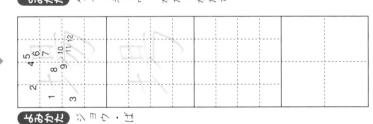
よみかた　ジョウ・ば

3 画と 画の あいだが よい ほうの かん字を なぞり
ましょう。
（一つ 5点）

①

②

③

4 画と 画の あいだに ちゅういして かきましょう。（かん字を 二回 かいて 5点）

よこ画に ちゅういする

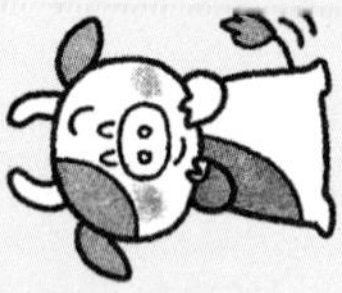

自

目　貝

生　星

たて画に ちゅういする

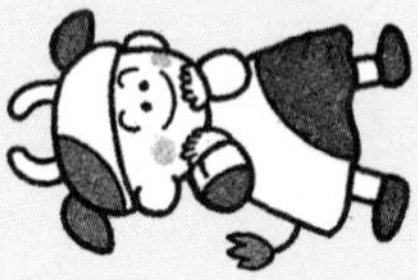

川

中　細

田　用

はらいに ちゅういする

形

家

場

5 かきかたが よい ほうの かん字を なぞりましょう。（一つ 5点）

① 月　月

② 市　市

③ 形　形

画と 画の あいだが せますぎたり ひろすぎたり しないように かこうね。

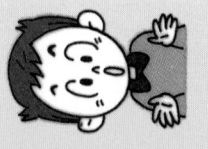

文字の ちゅうしん ①

©くもん出版

名まえ

月　日

時　分〜　時　分

100点

とく点

1 文字の ちゅうしんに ちゅういして かきましょう。

（かん字を 三回 かいて 10点）

たて画の いちに ちゅういしましょう。

れんしゅう

1　2　3

おてほん　チョ・ちゅうら・い・お

2 文字の ちゅうしんに ちゅういして かきましょう。（15点）

● 小石

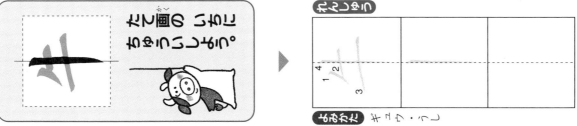

3 文字の ちゅうしんに ちゅういして かきましょう。

（かん字を 三回 かいて 10点）

たて画の いちに ちゅういしましょう。

れんしゅう

1　2　3　4

おてほん　キ・タ・う・し

4 文字の ちゅうしんに ちゅういして かきましょう。（15点）

● 子牛

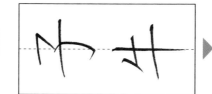

5 文字の ちゅうしんに ちゅういして かきましょう。
（かん字を 三回 かいて 10点）

よこ画の いちに
ちゅういしましょう。

川

かんすう

1
2
3

よみかた サン・み・みっ・かわ

6 文字の ちゅうしんに ちゅういして かきましょう。（15点）

● 三年（生）

川年

7 文字の ちゅうしんに ちゅういして かきましょう。
（かん字を 三回 かいて 10点）

よこ画の いちに
ちゅういしましょう。

田

かんすう

1 2
3
4

よみかた ニチ・ジツ・ひ・か

8 文字の ちゅうしんに ちゅういして かきましょう。（15点）

● 四日

四 日

上と下の文字の ばしょにも 気を つけてね。

25

かきかた

文字の
ちゅうしん②

名まえ

月　日

時　分～時　分

とく点

100点

©くもん出版

1　文字の ちゅうしんに ちゅういして かきましょう。
（かん字を 三回 かいて 10点）

点の いちに
ちゅういしましょう。

▶

れんしゅう

2 3 1
4 5
6

こたえ シ・あみ

2　文字の ちゅうしんに ちゅういして かきましょう。（15点）

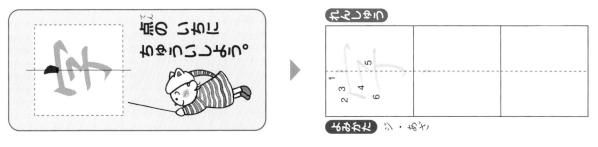

● 六字

▶

— 49 —

3　文字の ちゅうしんに ちゅういして かきましょう。
（かん字を 三回 かいて 10点）

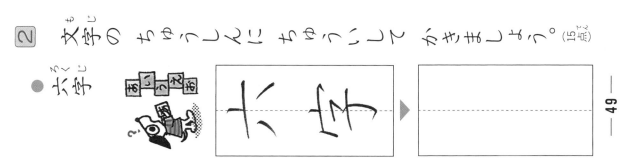

点の いちに
ちゅういしましょう。

▶

れんしゅう

1 3
2 4

こたえ ホウ・かた

4　文字の ちゅうしんに ちゅういして かきましょう。（15点）

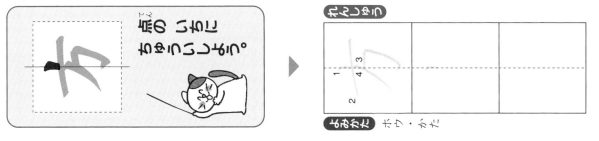

● 夕がた

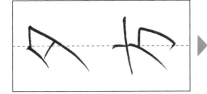

▶

5 文字の ちゅうしんに ちゅういして かきましょう。

（かん字を 三回 かいて 10点）

画の せっする いちに ちゅうい しょう。

れんしゅう

よみかた　おと・ひと

6 文字の ちゅうしんに ちゅういして かきましょう。（15点）

● 名犬（めいけん）

※名犬…りこうな 犬。ゆうめいな 犬。

7 文字の ちゅうしんに ちゅういして かきましょう。

（かん字を 三回 かいて 10点）

画の せっする いちに ちゅうい しょう。

れんしゅう

よみかた　テン・あめ・あま

8 文字の ちゅうしんに ちゅういして かきましょう。（15点）

● 天気（てんき）

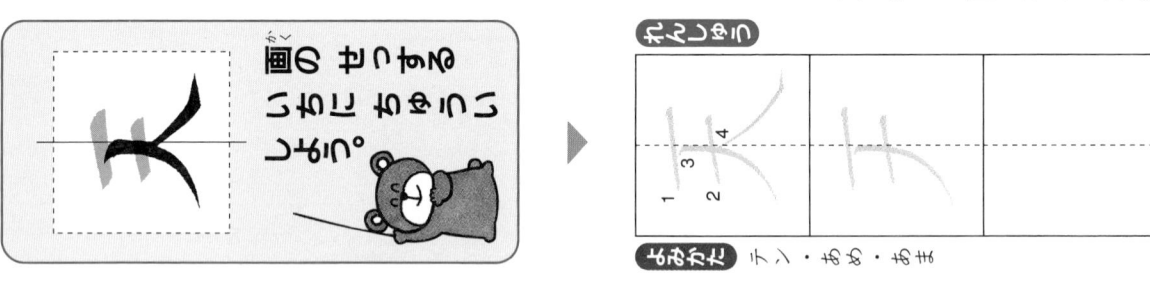

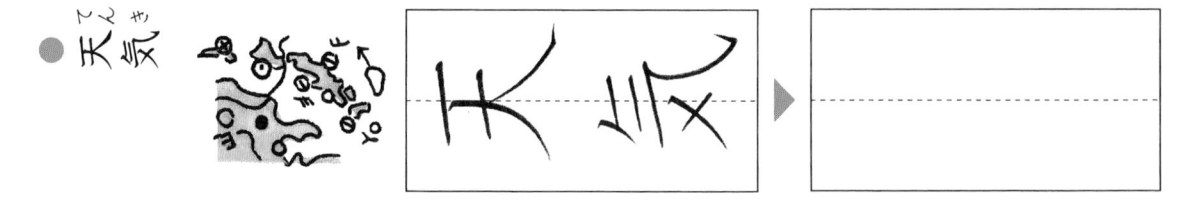

文字の ちゅうしんが ずれると しまうと、いびつな 文字 になって よみにくく なるよ。

名まえ

月 日

時 分 〜 時 分

100点 とく点

© くもん出版

1 文字の ちゅうしんに ちゅういして かきましょう。

(かん字を 一回 かいて 5点)

たて画の いちに
ちゅういする。

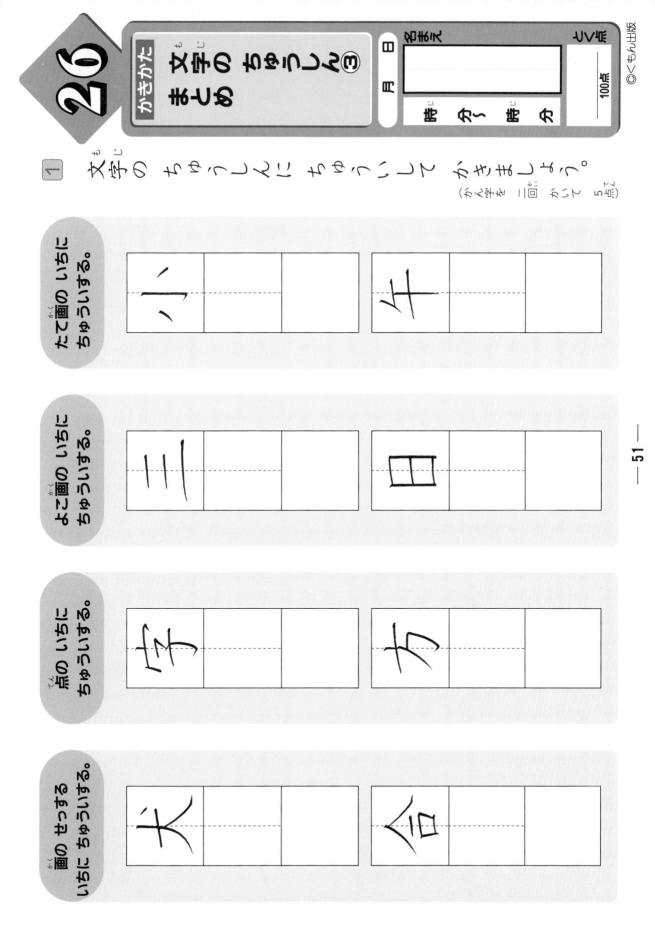

よこ画の いちに
ちゅういする。

点の いちに
ちゅういする。

画の せっする
いちに ちゅういする。

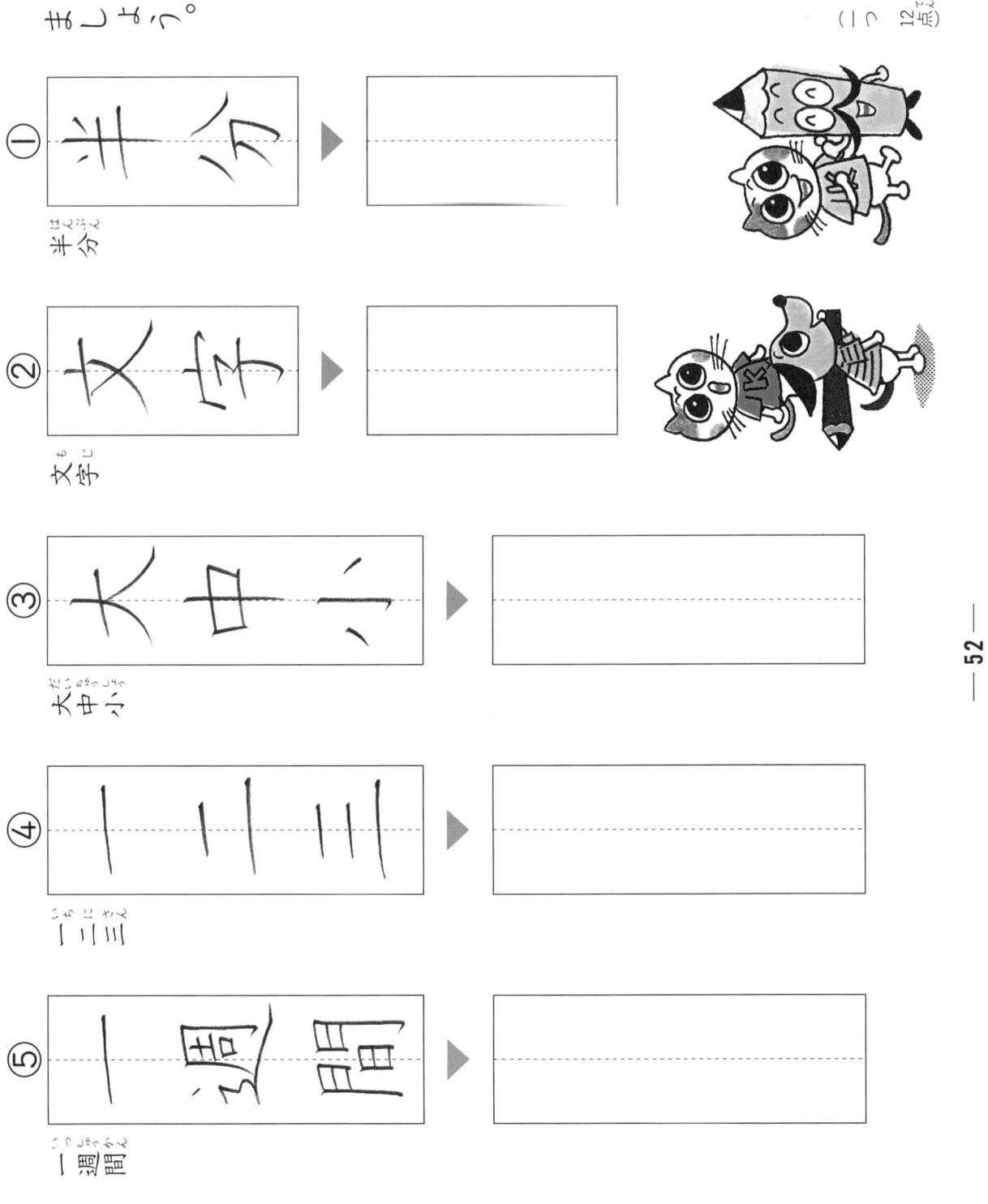

① 半分
せんぶん ▶

② 文字
もじ ▶

③ 大中小
だいちゅうしょう ▶

④ 一二三
いちにさん ▶

⑤ 一週間
いっしゅうかん ▶

文字の どの ぶぶんが ちゅうしんに くるか、よく 見てから かいて
いってね。

かん字 27 かん字のれんしゅう①

月　日　名まえ

① つぎの かん字に ていねいに かきましょう。

かん字を　五回ずつ　かいて　（10点）

時　分 ～ 時　分

100点
てん

よみかた シ・かみ

なぞり

1　2　3　4　5　6　7　9　10

れんしゅう

「おれい」に ちゅういして かきましょう。

よみかた コウ・ひろい・ひろまる・ひろめる・ひろがる・ひろげる

なぞり

1　2　3　4　5

れんしゅう

「おれい」に ちゅういして かきましょう。

よみかた チョク・ジキ・ただちに・なおす・なおる・ね・あたい

なぞり

1　2　3　4　5　6　7　8

れんしゅう

「おれい」に ちゅういして かきましょう。

よみかた ニク

なぞり

1　2　3　4　5　6

れんしゅう

「おれい」に ちゅういして かきましょう。

なぞり | かくしゅう

組
よみかた ソ・くむ・くみ

「おれ」に ちゅういして かきましょう。

絵
よみかた カイ・エ

「おれ」に ちゅういして かきましょう。

兄
よみかた ケイ・キョウ・あに

「まがり」に ちゅういして かきましょう。

教
よみかた キョウ・おしえる・おそわる

「そり」に ちゅういして かきましょう。

「そり」には、「矢」の「ノ」のような「そり」や、「風」の「ノ」のような「そり」があったね。

みかた
チ・ヨウ
あさ

なぞって

れんしゅう

かきじゅんに 気を つけて 左の ほうから 書きましょう。

みかた
カ・イ
うみ

なぞって

れんしゅう

かきじゅんに 気を つけて 左の ほうから 書きましょう。

みかた
カ・イ・ケ・ソ・と（ほか）・す（る）・す・はず（す）・はず（れる）

なぞって

れんしゅう

かきじゅんに 気を つけて 左の ほうから 書きましょう。

みかた
シ・おも（う）

なぞって

れんしゅう

かきじゅんに 気を つけて 上の ほうから 書きましょう。

① つぎの かん字を ていねいに かきましょう。

（かん字を 五回ずつ かいて 10点）

28
かん字
かん字の れんしゅう②

月　日　名まえ

べん強した 時ふん～時ふん

100点

てん

©くもん出版

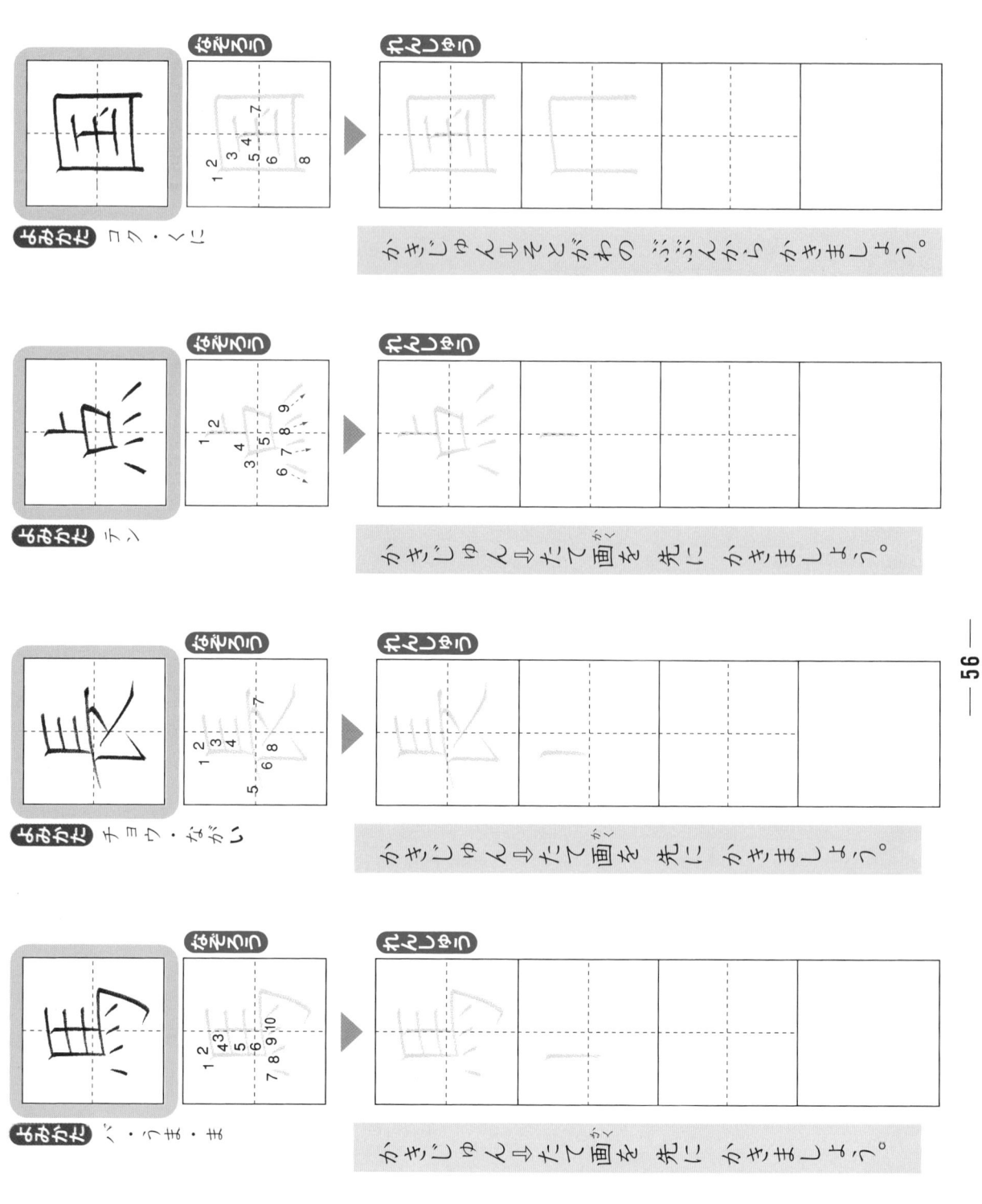

なぞり書　　れんしゅう

よみかた　コク・くに

かきじゅん→そとがわの ぶぶんから かきましょう。

よみかた　テン

かきじゅん→たて画を 先に かきましょう。

よみかた　チョウ・ながい

かきじゅん→たて画を 先に かきましょう。

よみかた　バ・うま・ま

かきじゅん→たて画を 先に かきましょう。

「馬」の かきじゅんは まちがいやすいよ。なんども かいて おぼえようね。

名まえ

月 日

とく点

時 分 ～ 時 分

100点

© くもん出版

1 てつ本に かきましょう。 （かん字を 五回 かいて 10点）

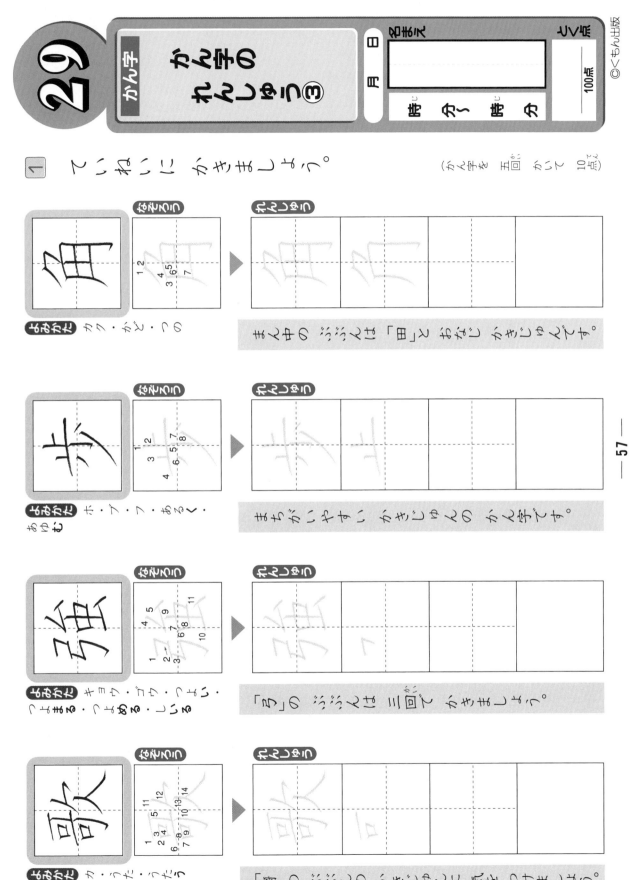

なぞろい

れんしゅう

よみかた ガ・か・つの

まん中の ぶぶんは 「田」と おなじ かきじゅんです。

よみかた ホ・ブ・つ・あるく・あゆむ

まちがいやすい かきじゅんの かん字です。

よみかた キョウ・ゴウ・つよい・つよまる・つよめる・しいる

「弓」の ぶぶんは 三回で かきましょう。

よみかた カ・うた・うたう

「哥」の ぶぶんの かきじゅんに 気を つけましょう。

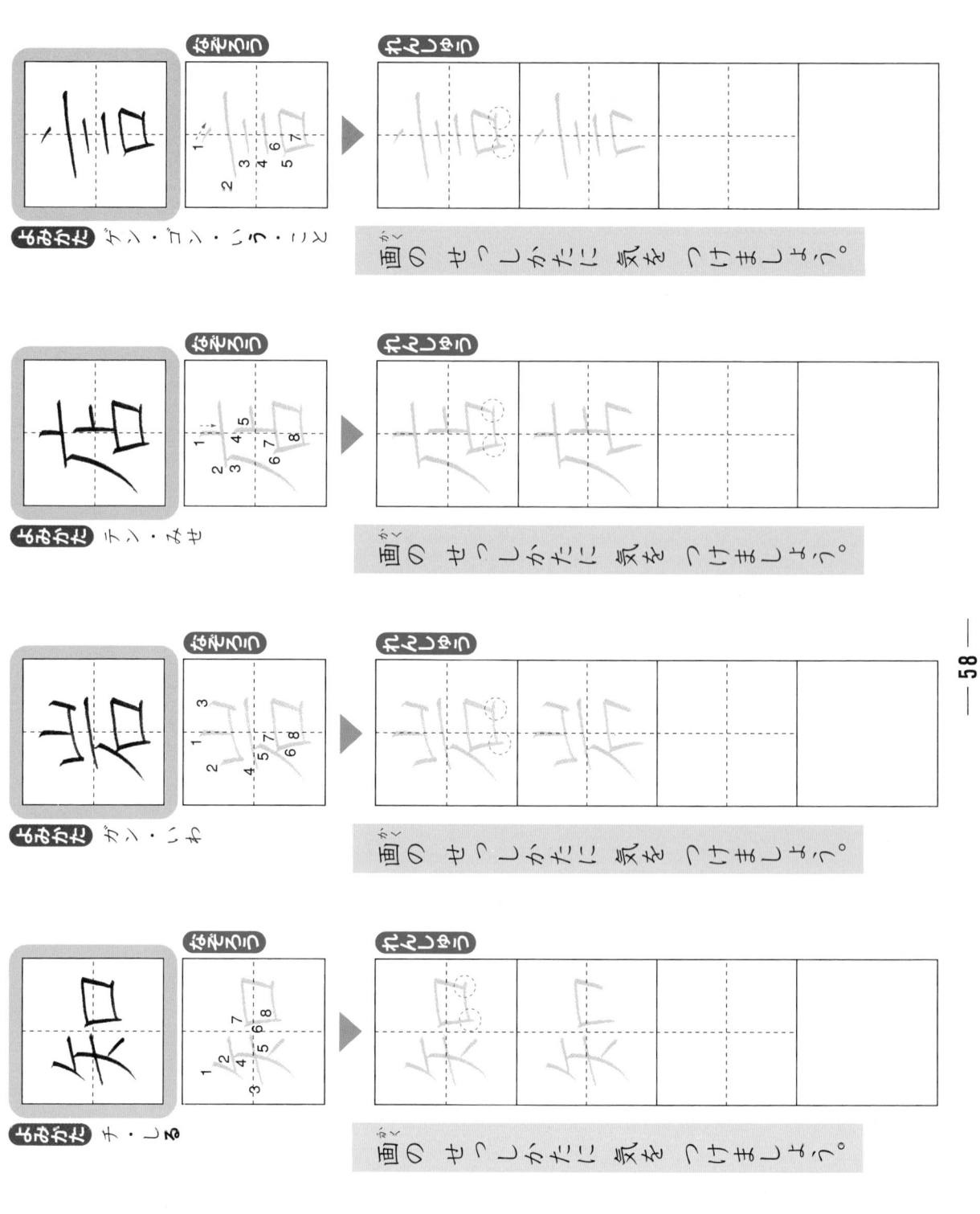

名まえ

月　日

時　分　時　分

とく点

100点

©くもん出版

1　てつねいに　かきましょう。　　　　　（かん字を　五回　かいて　10点）

なぞり

れんしゅう

よみかた　セイ・ショウ・いえ・いき

○の　ところの　よこ画が　右に　出ます。

なぞり

れんしゅう

よみかた　セイ・サイ・に

○の　ところの　たて画が　下に　出ます。

なぞり

れんしゅう

よみかた　ゲン・はら

○の　ところの　たて画が　下に　出ます。

なぞり

れんしゅう

よみかた　トウ・かたな

よこの　画に「左はらい」が　あいせつします。

2 ていねいに かきましょう。

（かん字を 五回 かいて 15点）

切

よみかた セツ・サイ・きる・きれる

なぞろう

れんしゅう

よこ画に「左はらい」が あさく せっします。

新

よみかた シン・あたらしい・あらた・にい

なぞろう

れんしゅう

よこ画に たて画が あさく せっします。

工

よみかた コウ・ク

なぞろう

れんしゅう

たて画の 上は あさく、下は ふかく せっします。

京

よみかた キョウ・ケイ

なぞろう

れんしゅう

一画目は はなれたり つきぬけたり しません。

よこの 画が 右に 出る ところと、たての 画が 下に 出る ところが あったよ。

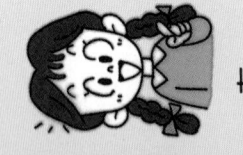

名まえ

月 日

時 分 ～ 時 分

100点

1 こう ねつに かきましょう。 (かん字を 五回 かいて 10点)

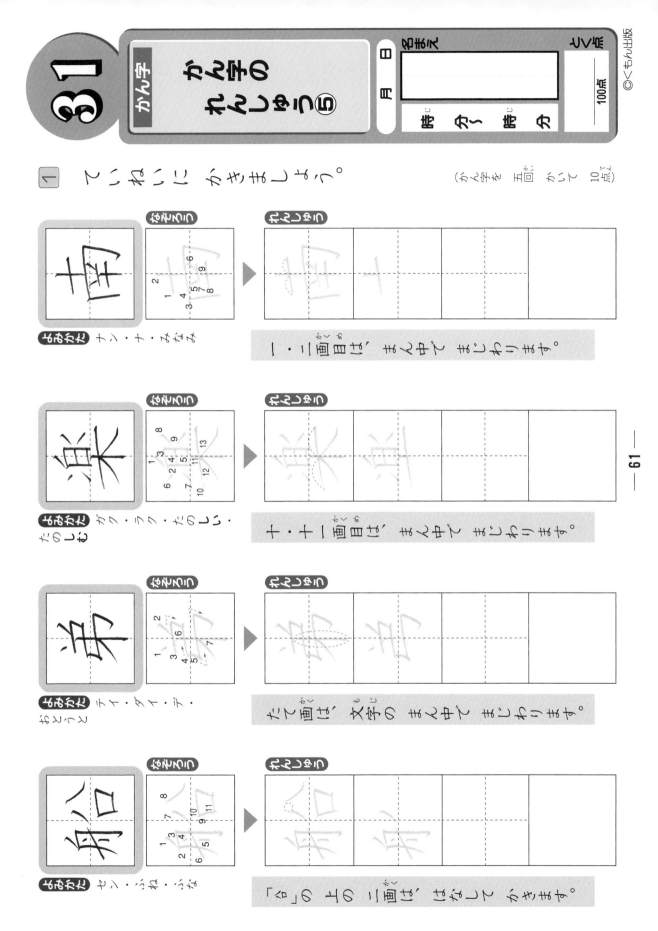

なぞろう

れんしゅう

よみかた ナン・ナ・みなみ

一・二画目は、まん中で まじわります。

よみかた ガク・ラク・たのしい・たのしむ

十・十一画目は、まん中で まじわります。

よみかた テイ・ダイ・デ・おとうと

たて画は、文字の まん中で まじわります。

よみかた セン・ふね・ふな

「台」の 上の 一画は、はなして かきます。

©くもん出版

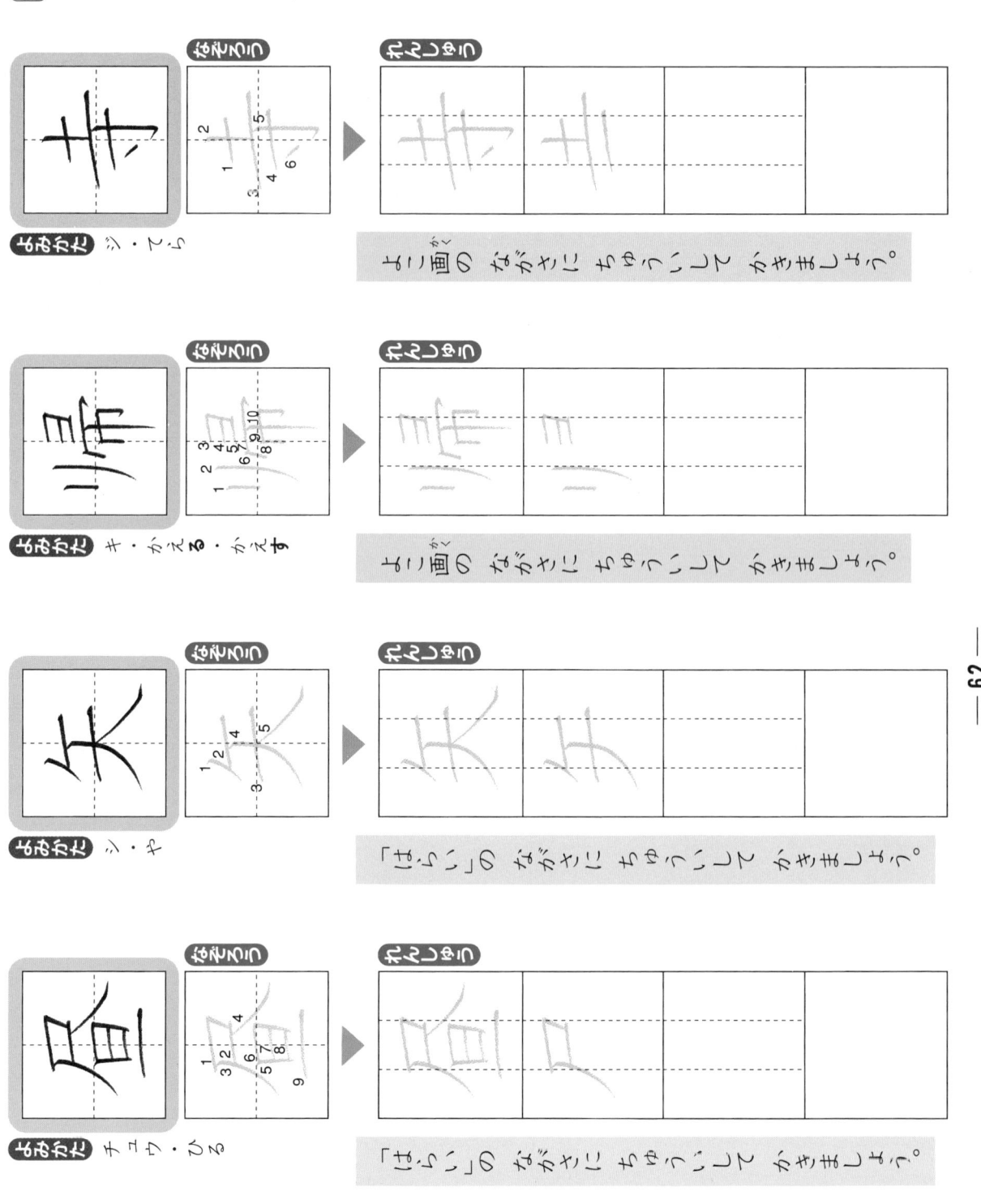

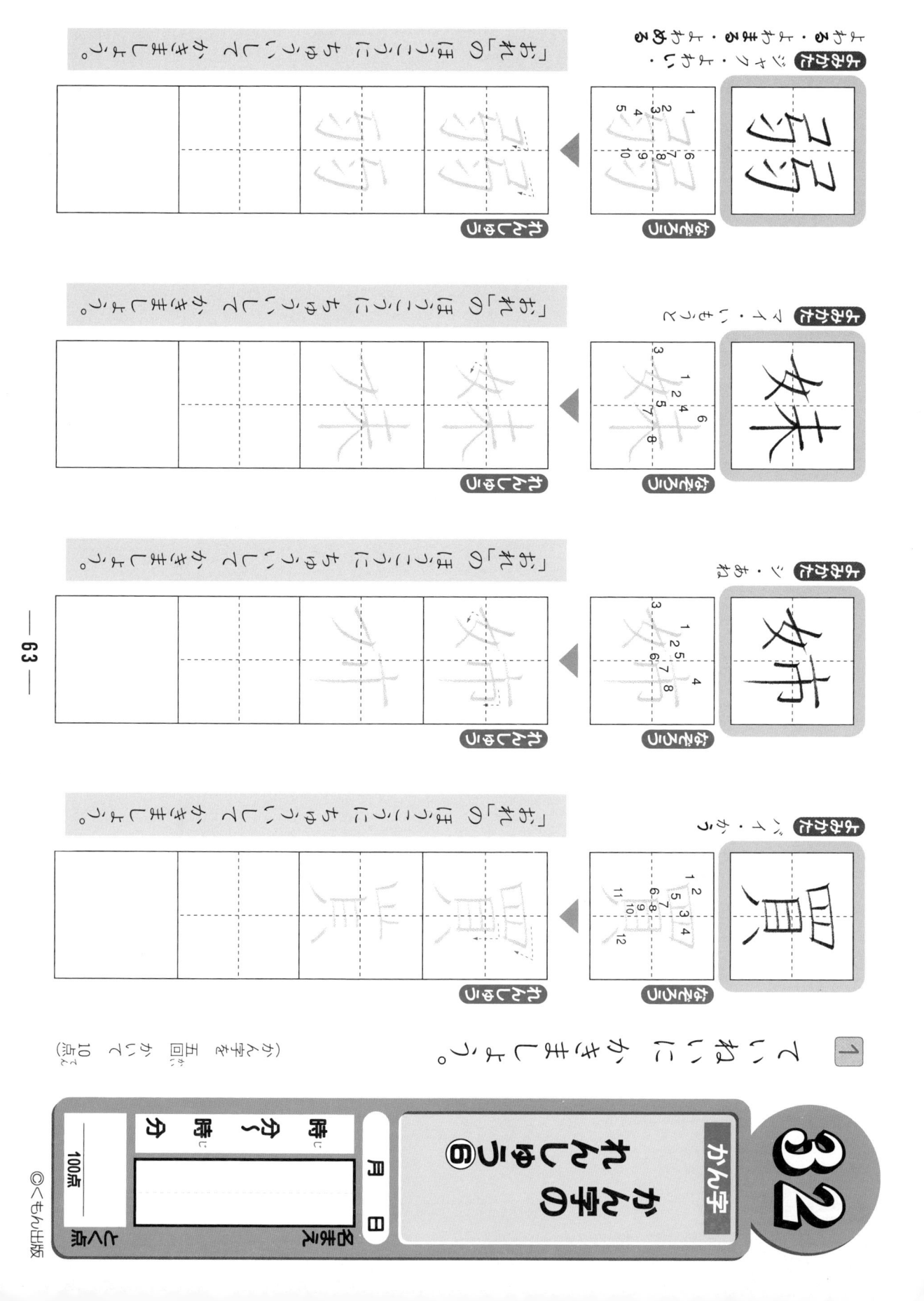

よみかた

弱 よわい・よわる・よわまる・よわめる・ジャク

なぞり　れんしゅう

「おれ」のほういちをちゅういしてかきましょう。

よみかた

妹 いもうと・マイ

なぞり　れんしゅう

「おれ」のほういちをちゅういしてかきましょう。

よみかた

姉 あね・シ

なぞり　れんしゅう

「おれ」のほういちをちゅういしてかきましょう。

よみかた

黒 くろ・くろい・コク

なぞり　れんしゅう

「おれ」のほういちをちゅういしてかきましょう。

① ていねいに かきましょう。

② かん字を 五回ずつ かいて マスに ていねいに かきましょう。（10点）

32 かん字

かん字の れんしゅう ⑥

月　日　名まえ

時　分から
時　分まで

100点　てん

よみかた　シュウ・あき

なぞろう　　　かこう

「左はらい」の　ほうこうに　気を　つけましょう。

よみかた　コウ・ギョウ・アン・いく・ゆく・おこなう

なぞろう　　　かこう

「左はらい」の　ほうこうに　気を　つけましょう。

よみかた　タ・おおい

なぞろう　　　かこう

「左はらい」の　ほうこうに　気を　つけましょう。

よみかた　カ・ガ・なつ

なぞろう　　　かこう

「左はらい」、「右はらい」の　ほうこうに　気を　つけましょう。

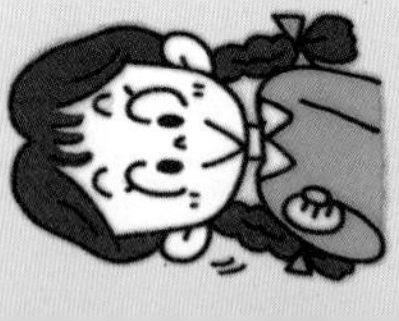

— 64 —

「女」の　よん画目、「くの字」のように、「姉」や「妹」の「女」の　よん画目、せんうえに　なるよ。

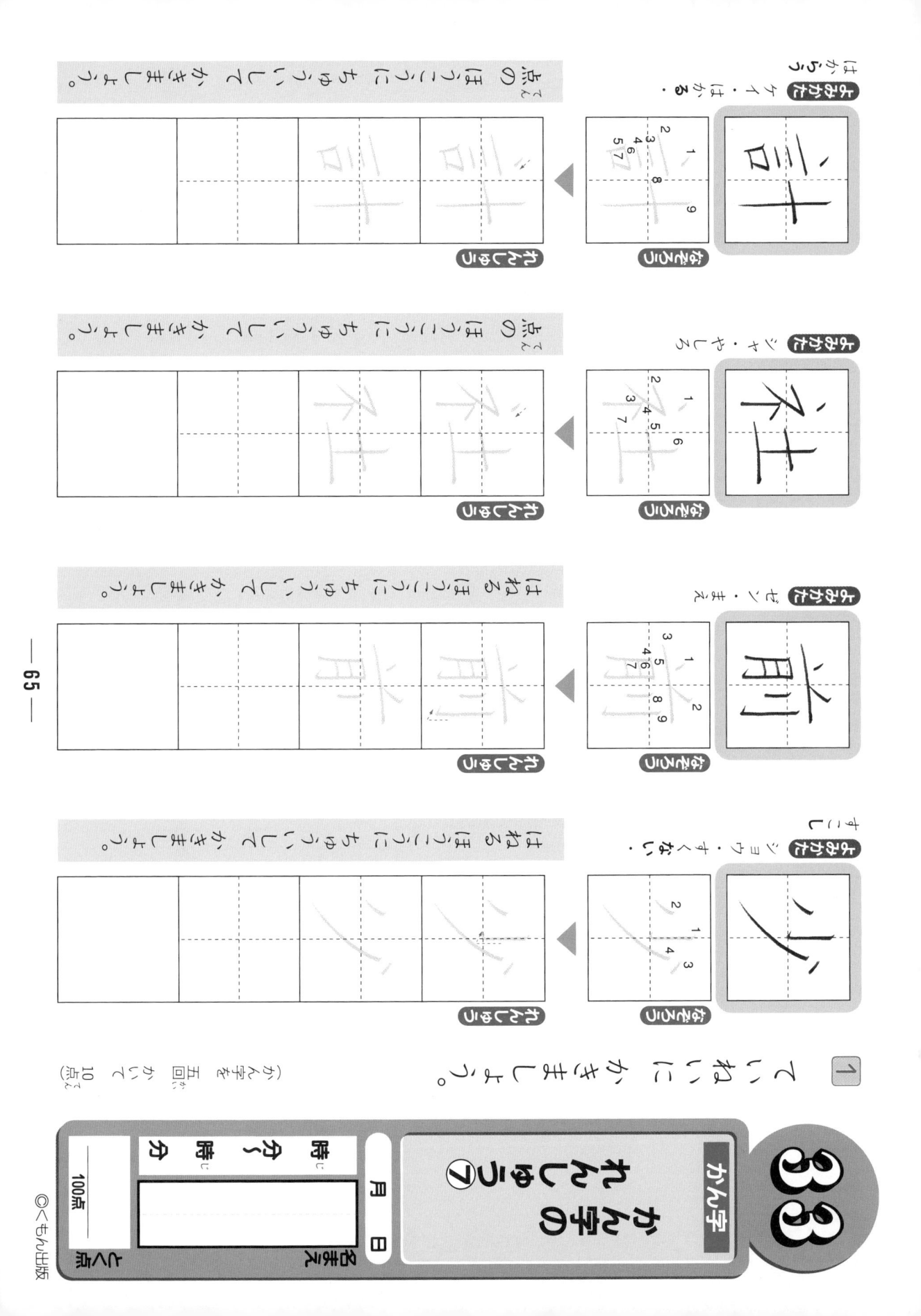

33

月　日　なまえ

かん字を 五回ずつ かいて れんしゅう しましょう。（1つ10点）

— 65 —

2 ていねいに かきましょう。

（かん字を 五回 かいて 15点）

首
よみかた シュ・くび
なぞろう
れんしゅう
点画の ほうこうに ちゅういして かきましょう。

来
よみかた ライ・くる・きたる・きたす
なぞろう
れんしゅう
点画の ほうこうに ちゅういして かきましょう。

数
よみかた スウ・ス・かず・かぞえる
なぞろう
れんしゅう
点画の ほうこうに ちゅういして かきましょう。

顔
よみかた ガン・かお
なぞろう
れんしゅう
点画の ほうこうに ちゅういして かきましょう。

「社」の 点は、「ネ」の ぶぶんに つけないで、はなして かこう。

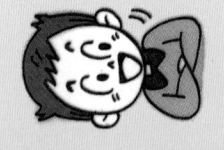

名まえ

月 日

時 分 時 分

100点

©くもん出版

1 ていねいに かきましょう。

（かん字を 五回 かいて 10点）

なぞろう / **れんしゅう**

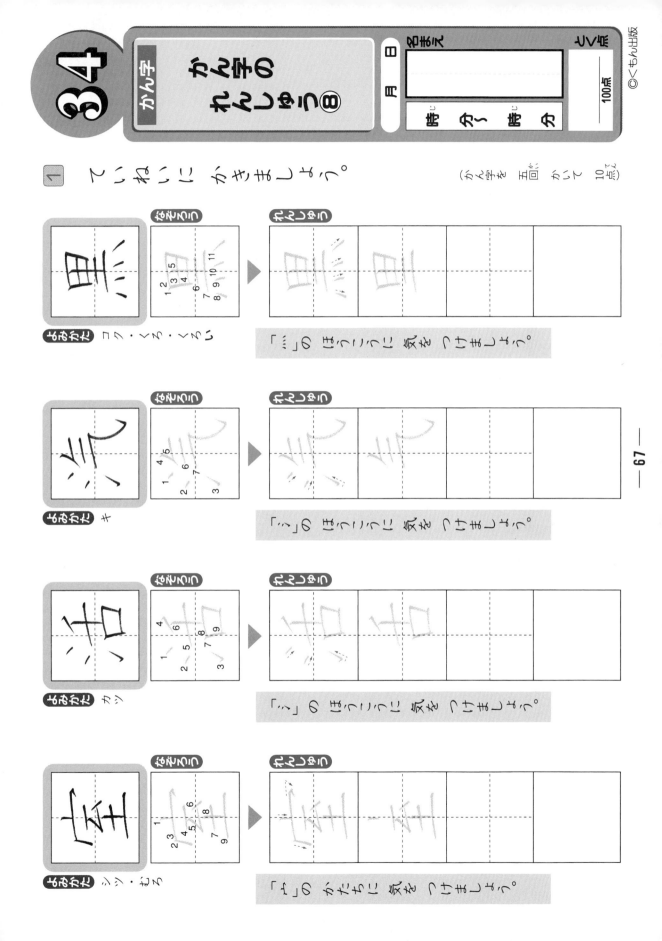

おみかた コク・くろ・くろい

「 ⺍ 」の ほうこうに 気を つけましょう。

おみかた キ

「 ⺡ 」の ほうこうに 気を つけましょう。

おみかた カツ

「 ⺡ 」の ほうこうに 気を つけましょう。

おみかた シン・もり

「 木 」の かたちに 気を つけましょう。

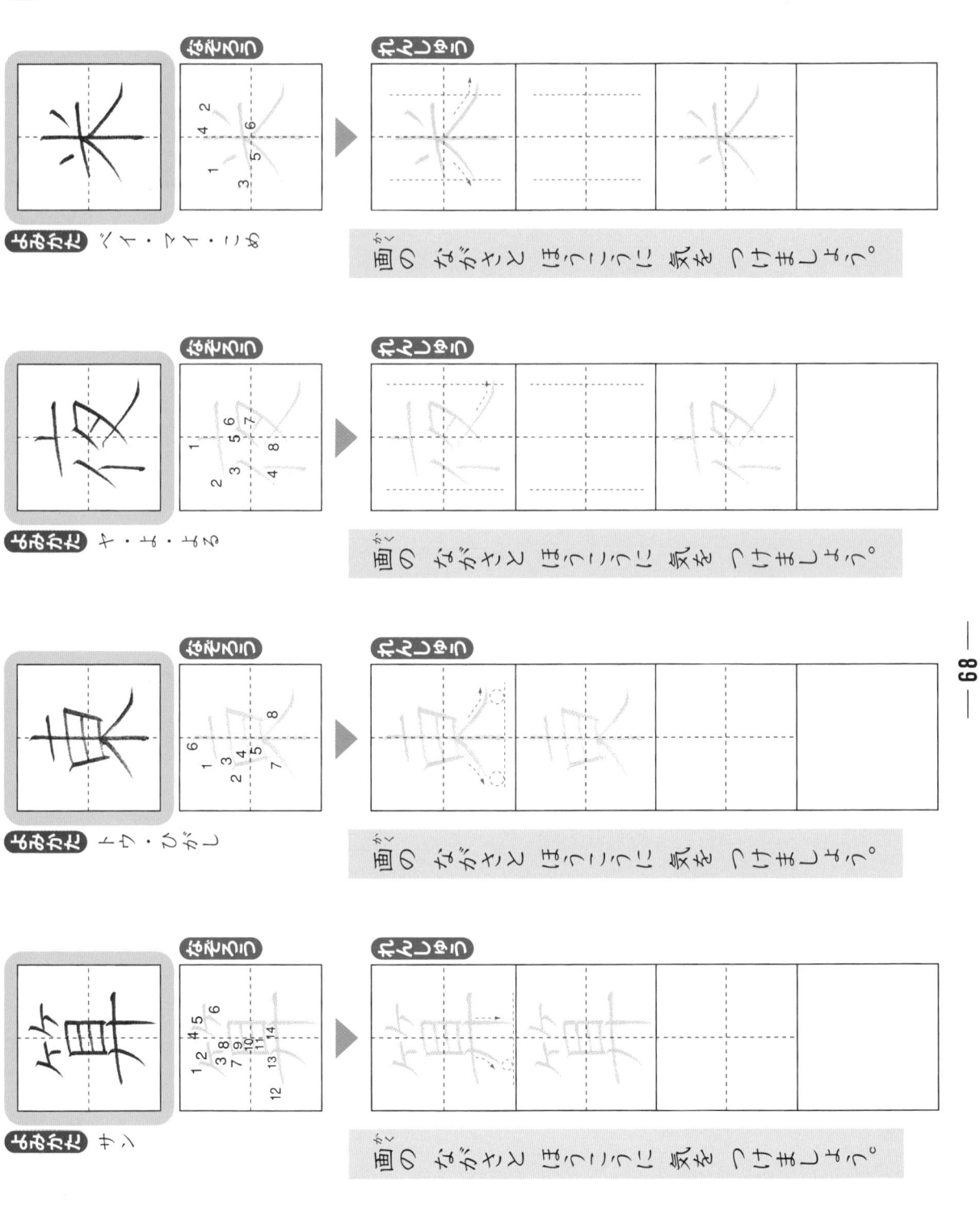

なぞり　れんしゅう

よみだた　ベイ・マイ・こめ

画の ながさと ほうこうに 気を つけましょう。

よみだた　イ・え・よる

画の ながさと ほうこうに 気を つけましょう。

よみだた　トウ・ひがし

画の ながさと ほうこうに 気を つけましょう。

よみだた　サン

画の ながさと ほうこうに 気を つけましょう。

右の 「れいぶん」じゃは ようだんから、左の れいぶん よむように しましょう。

③⑤

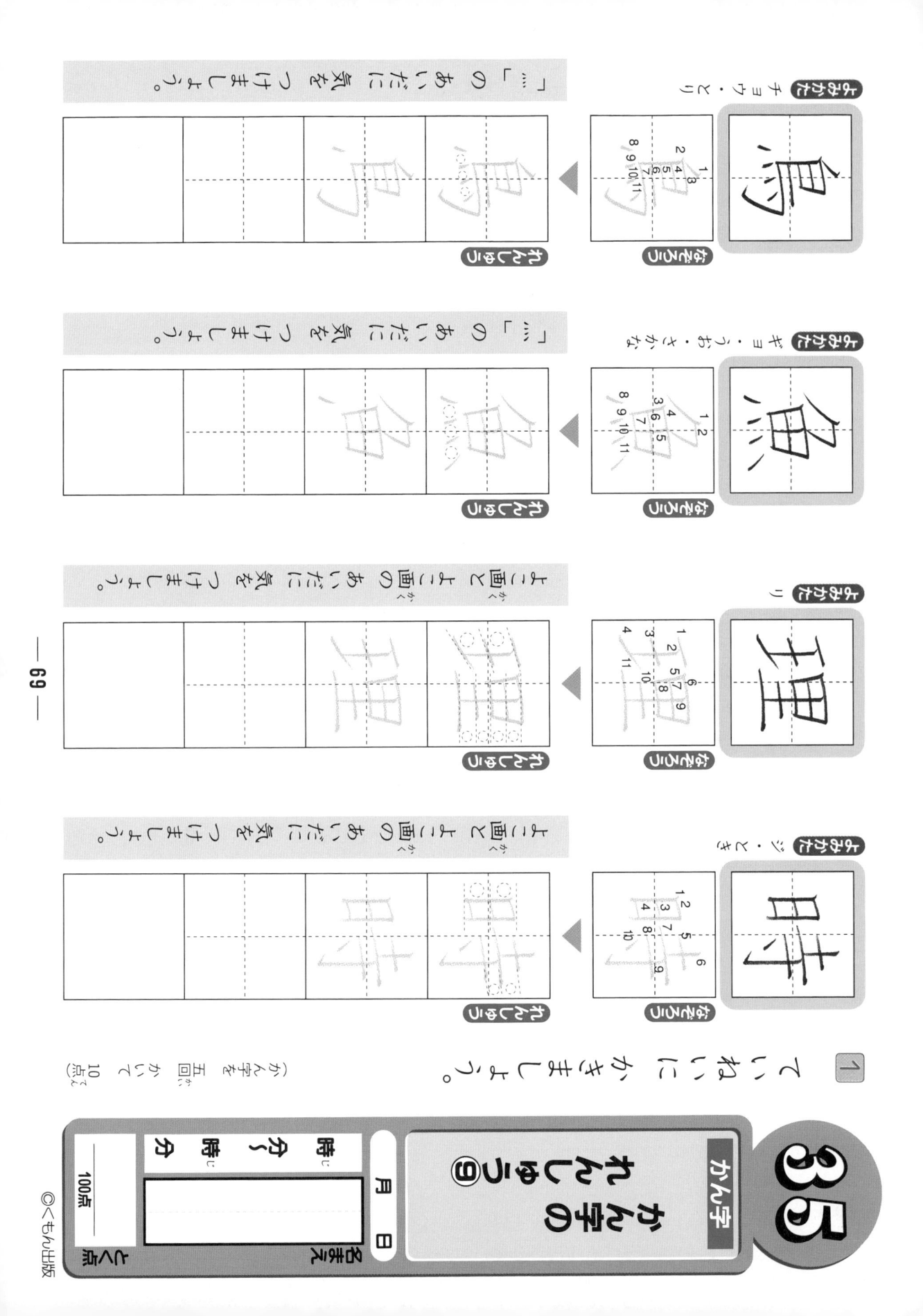

かん字

かん字の
れんしゅう⑨

月　日
名まえ

時分〜
時分

100点
てん

1　かん字を 五回 かいて ねいに かきましょう。
（かん字を 五回 かいて 10点ずつ）

みかた（馬）
チ・ウ・と・リ

なぞり
れんしゅう

「灬」の 四つの点を あいだを あけて 気を つけて かきましょう。

みかた（黒）
キ・ョ・ク・おな・さ・か・な

なぞり
れんしゅう

「灬」の 四つの点を あいだを あけて 気を つけて かきましょう。

みかた（理）
リ

なぞり
れんしゅう

よこ画と よこ画の あいだに 気を つけて かきましょう。

みかた（時）
ジ・とき

なぞり
れんしゅう

よこ画と よこ画の あいだに 気を つけて かきましょう。

2 ていねいに かきましょう。

（かん字を 五回 かいて 15点）

晴

よみかた セイ・は**れる**・は**らす**

なぞろう　れんしゅう

左右の 大きさの ちがいに 気を つけましょう。

曜

よみかた ヨウ

なぞろう　れんしゅう

左右の 大きさの ちがいに 気を つけましょう。

話

よみかた ワ・はな**す**・はなし

なぞろう　れんしゅう

左右の ぶぶんの 字の かたちに 気を つけましょう。

語

よみかた ゴ・かた**る**・かた**らう**

なぞろう　れんしゅう

左右の ぶぶんの 字の かたちに 気を つけましょう。

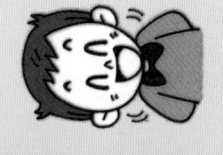

左と 右の ぶぶんに わかれる かん字は、それぞれの ぶぶんの 字の 大きさや かたちに 気を つけようね。

かん字の れんしゅう⑩

名まえ

月　日

時　分～時　分

100点

／点

1 こういんに かきましょう。　（かん字を 五回 かいて 10点）

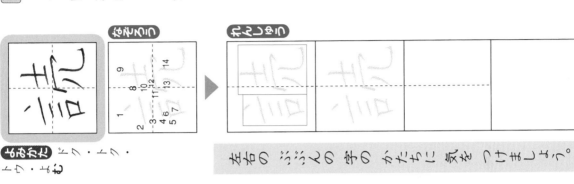

なぞり／れんしゅう

よみかた　ドク・トク・トウ・よむ

左右の ぶぶんの 字の かたちに 気を つけましょう。

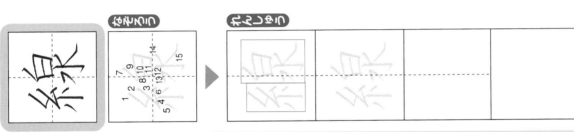

よみかた　セン

左右の ぶぶんの 字の かたちに 気を つけましょう。

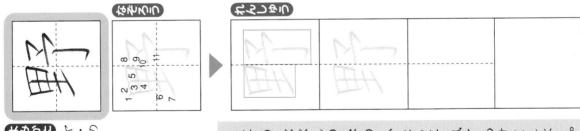

よみかた　ヤ・の

左右の ぶぶんの 字の かたちに 気を つけましょう。

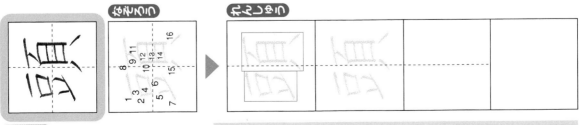

よみかた　トウ・ズ・ト・あたま・かしら

左右の ぶぶんの 字の かたちに 気を つけましょう。

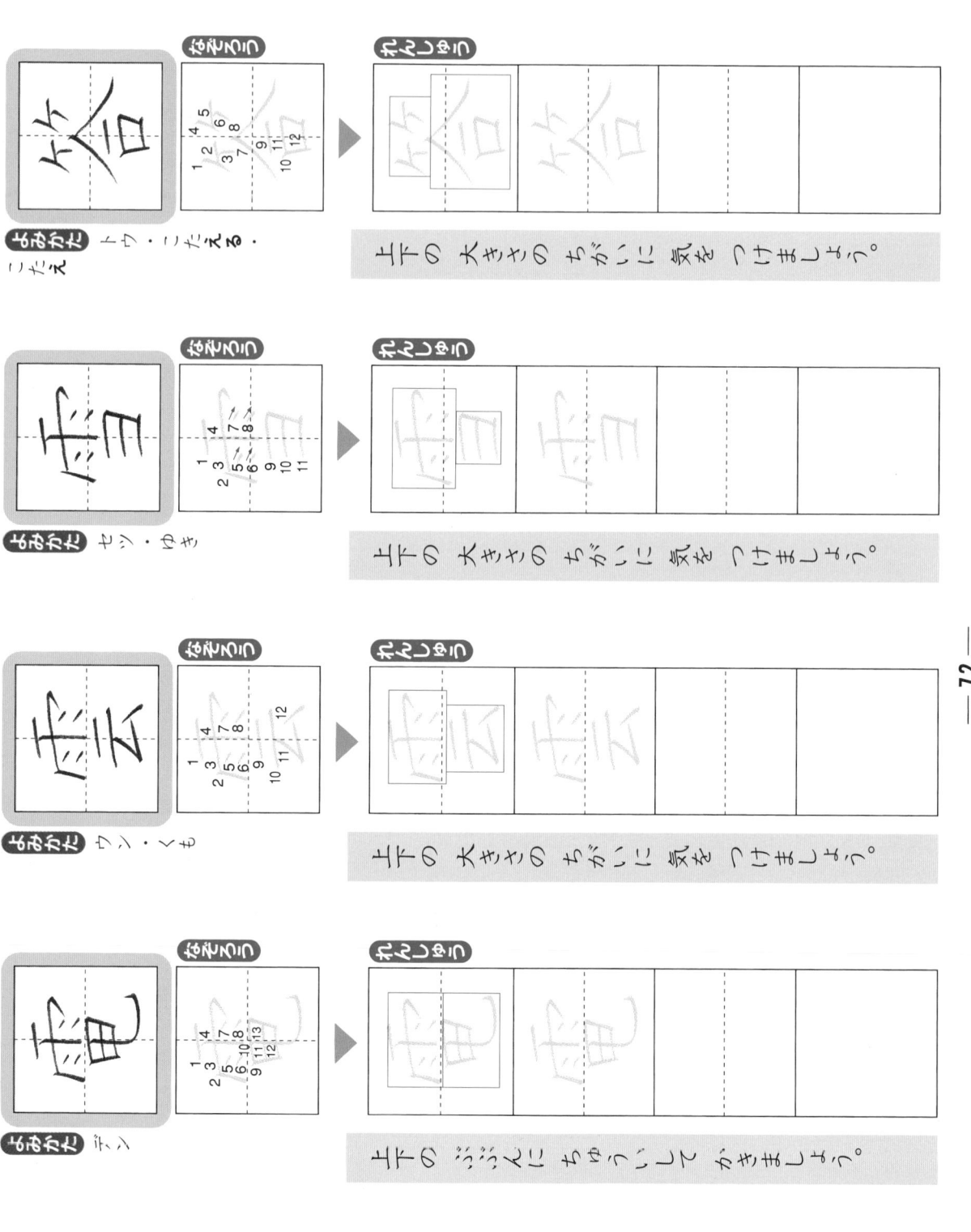

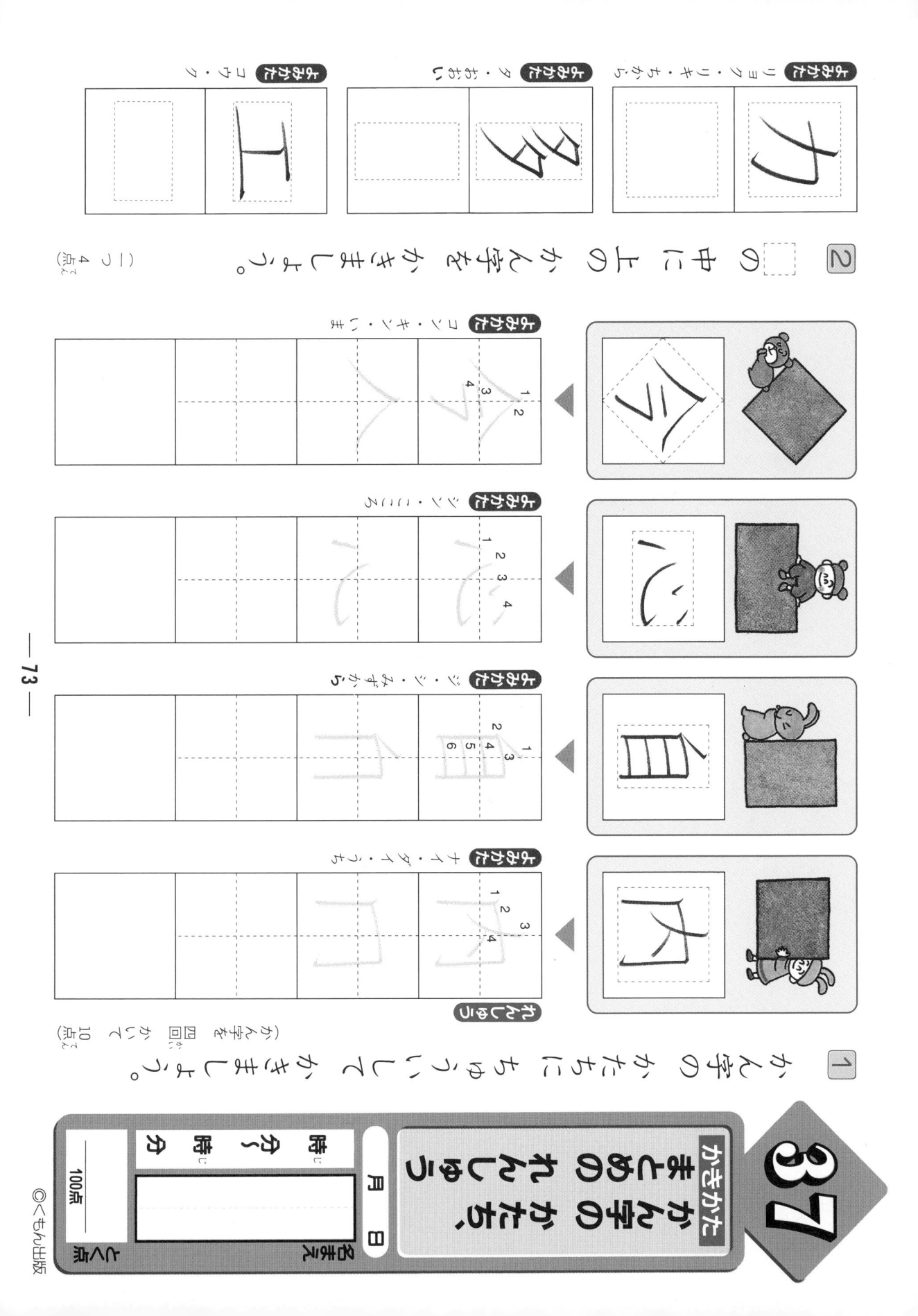

37

かきかた かんじの なりたち

月　日　なまえ

時　分　から
時　分　まで

100点　─────　てん

1 かん字の かたちに ちゅういして こえに だして かきましょう。
（1もん 10てん）

よみかた　ナ・ダ・イ・ラ・ち

よみかた　シ・ジ・みぎ・みず

よみかた　シ・ジ・こ・こころ

よみかた　ロ・キョ・まど・くち

2 □ の 中の 上に かん字を かきましょう。
（1つ 4てん）

よみかた　ちから・リョク・キョク

よみかた　タ・おおい・おお

よみかた　コ・ク・ノ

© くもん出版

3 左の手本を見て、□にていねいにかきましょう。

（一つ 12点）

① 東西南北

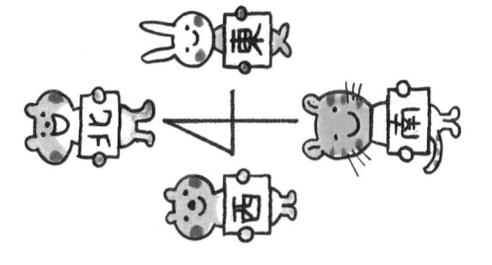

② 兄弟姉妹

春夏秋冬

※春夏秋冬…はる・なつ・あき・ふゆ

音楽教室

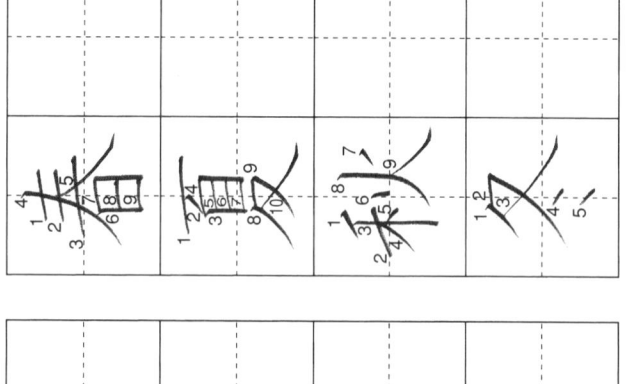

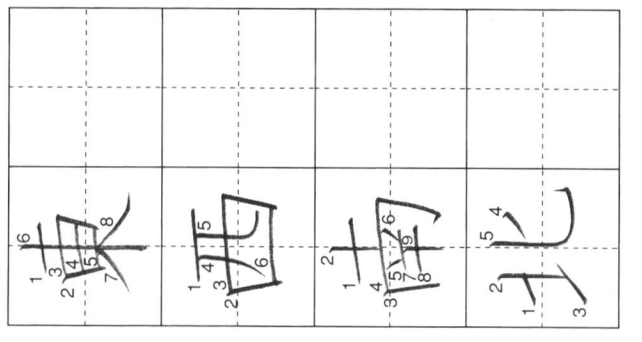

— 74 —

「姉」の「女」や「教」の「子」は、一字の「女」・「子」とはかたちがちがうよ。気をつけよう。

©くもん出版

こたえと かきかた

● なぞりがきが かいてある ところの こたえは、はぶいて います。
● ▶は、かく ときに 気を つける ポイントです。

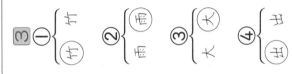

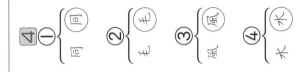 
©くもん出版

㉛ かん字のれんしゅう⑤ ペ61・62

1・2 ◯ねの上の手本を見て、かきましょう。

㉚ かん字のれんしゅう④ ペ59・60

1・2 ◯ねの上の手本を見て、かきましょう。

㉙ かん字のれんしゅう③ ペ57・58

1・2 ◯ねの上の手本を見て、かきましょう。

▲「海」の右がわは「毎」になっています。「海だよ。」

㉘ かん字のれんしゅう② ペ55・56

1・2 ◯ねの上の手本を見て、かきましょう。

▲「紙」組の絵を「糸」と「氏」で、「絵」の画がねこになっているよ。

㉗ かん字のれんしゅう① ペ53・54

1・2 ◯ねの上の手本を見て、かきましょう。

㉖ まとめ 文字のちゅう③ ペ51・52

1・2 ◯ねの上の手本を見て、かきましょう。

▲「8・7」の画は「天」の「よこ」のよう。「8」がないよ。ほうの上の

㉕ 文字のちゅう② ペ49・50

1〜8 ◯ねの上の手本を見て、かきましょう。

3〜 37 まとめ かん字のたち、ペ73・74

1 ◯ねの上の手本を見て、かきましょう。

2 ◯ねの上の手本を見て、かきましょう。

— 78 —

36 かん字のれんしゅう⑩ ペ71・72

1・2 ◯ねの上の手本を見て、かきましょう。

35 かん字のれんしゅう⑨ ペ69・70

1・2 ◯ねの上の手本を見て、かきましょう。

▲「鳥」のねじるように手本を見て、「とり」のように気づいて、「れ」きにしてかきましょう。

34 かん字のれんしゅう⑧ ペ67・68

1・2 ◯ねの上の手本を見て、かきましょう。

33 かん字のれんしゅう⑦ ペ65・66

1・2 ◯ねの上の手本を見て、かきましょう。

▲「買」の「のかい」のように下に「儿」の「よこ」にかくようにましょう。

32 かん字のれんしゅう⑥ ペ63・64

1・2 ◯ねの上の手本を見て、かきましょう。

▲「南」のなかは「キ」のように出さない「十」のようにだ「画」がかく。

二年生の かん字

●二年生で ならう かん字を 音読み（音読）じゅんに ならべ、まちがいやすい ところは せつめいを つけて います。

あ行	い	う	え			か行	
あ	引	羽	雲	園	遠	か	何
科	夏	家	歌	画	回	会	海
絵	外	角	楽	活	間	丸	岩
顔	汽	記	帰	弓	牛	魚	京
強	教	近	兄	形	計	元	言
原	戸	古	午	後	語	工	公
広	交	光	考	行	高	黄	合
谷	国	黒	今	さ	才	細	作
算	止	市	矢	姉	思	紙	寺
自	時	室	社	弱	首	秋	週
春	書	少	場	色	食	心	新

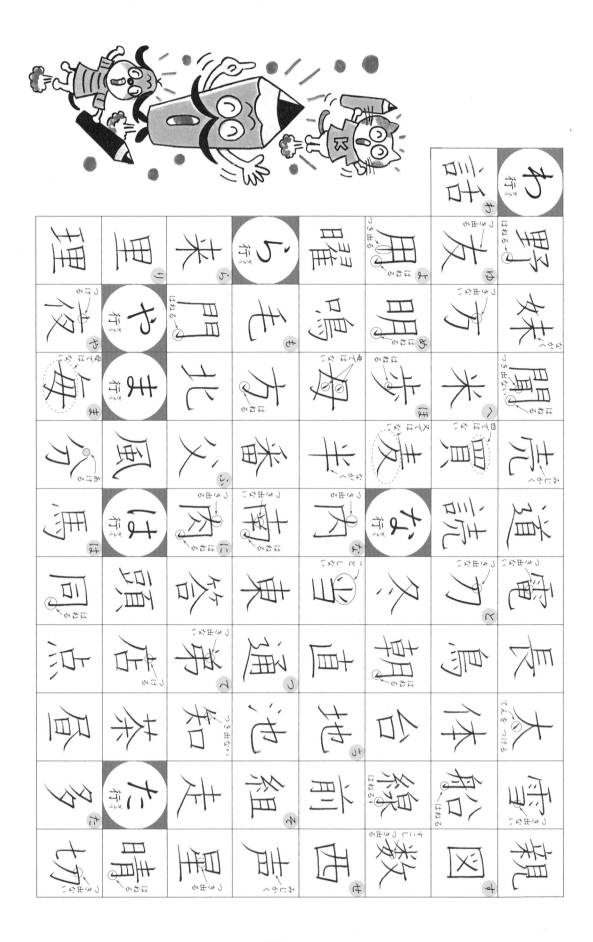